노년부
성경공부
Ⅳ-2

노년을 위한 성경의 파노라마

말씀 청춘

대한예수교장로회총회교육자원부 편
한국장로교출판사

머리말

노년을 대상으로 한 성경공부 교재인 “말씀청춘” 시리즈를 출판하게 됨을 하나님 앞에 감사드린다.

지금까지 많은 이들이 교회학교를 영아부부터 청년부까지만이라고 오해하는 경우가 종종 있어 왔지만 실제로 교회학교는 모든 연령대를 포함하는 교회의 교육목회를 담당하여 왔다. 더군다나 100세 시대인 요즘 교회학교는 장년부와 노년부를 포함하여 모든 연령대를 교회학교의 범주에 편입시키고 있다. 이런 면에서 노년부 성경공부 교재인 “말씀청춘” 시리즈의 출간은 교회학교 내에 노년부가 신앙적으로 건강하게 운영되도록 돕게 될 것이다.

우리 총회는 노년부 교재를 몇 차례에 걸쳐 개발하였다. “하늘향기” 시리즈와 “하늘잔치” 시리즈가 그 대표적인 교재들이다. 그리고 성경의 파노라마로 펼쳐지는 “말씀청춘”이 시리즈로 출간되고 있다.

교재가 나오기까지 수고하여 주신 분들에게 감사드린다. 성경의 파노라마 요목을 위해 수고해 주신 교육목회실천협의회 정영택 증경총회장님과 홍정근 목사께 감사드리며 바쁘신 가운데도 좋은 글로 함께해 주신 집필자 여러분들께도 깊은 감사를 드린다. 본 교재가 나오기까지 수고하신 교육목회실천협의회 문재진 목사와 총회교육훈련처 이은미 실장 그리고 한국장로교출판사 사장 채형욱 목사와 직원 여러분에게도 감사를 드린다.

2021년 6월

대한예수교장로회총회 교육훈련처

총무 **김명옥** 목사

말씀청춘 둘러보기

둘러보기 1. 어떻게 구성되었나요?

노년기의 관점에서 신구약 성경 전체를 구속사적 흐름을 따라 바라볼 수 있도록 26과로 진행되어 말씀 안에서 지속적인 신앙성장에 도움이 되도록 했습니다.

각 과는 네 단계의 과정으로 되어 있고 30분~40분 동안 진행할 수 있습니다. 각 과는 오늘의 말씀을 읽고 함께 찬송을 부르며 시작합니다. 구성은 다음과 같습니다.

1. **마음을 여는 글** 예화를 통해 자신의 삶을 돌아보고 마음을 엽니다.
2. **말씀 속으로** 말씀 속에서 하나님의 뜻을 발견합니다.
3. **생활 속으로** 말씀을 우리의 삶에 적용하고 실천할 수 있는 활동을 함께 나눕니다.
4. **시편으로 드리는 기도** 깨달은 말씀을 마음에 새기며 하나님의 도우심을 구합니다.

둘러보기 2. 어떤 내용을 다룰까요?

노년부 교재라는 특성을 고려하여 아래와 같은 내용을 선정하여 다루고 있습니다.

1. 성경 전체를 구속사의 관점에서 바라볼 수 있도록 하였습니다.
2. 성경의 연대기를 반영하여 쉽게 이해하도록 하였습니다.
3. 성경인물의 이야기와 삶을 다양하게 반영하였습니다.
4. 삶의 지혜를 담고 있는 본문을 중심으로 합니다.
5. 전반기는 사순절과 부활절, 후반기는 추수감사절과 성탄절 절기를 반영하였습니다.

둘러보기 3. 어떻게 활용할까요?

본 교재는 실제 삶의 자리에서 일어나는 많은 일들을 소재로 하는 예화를 통해 서로 진솔하게 이야기를 나누고 성경을 통하여 우리의 모습을 성찰하고 결단하여 깨달은 내용을 실천할 수 있도록 쓰였습니다. 각 교회의 사정에 따라 효율적으로 활용할 수 있는 다양한 방법을 다음과 같이 제안합니다.

1. 소그룹으로 나누어 진행해요.

* 5-7명이 한 개의 소그룹을 이루면 가장 좋습니다.
* 서로 비슷한 연령대의 사람들을 같은 소그룹에 편성해 주면 서로 공감대를 형성하는 데 도움이 됩니다.
* 그룹원 중에 역할을 나누어 줍니다.
  ① 조장 : 전체공지사항 전달, 단체 SNS 활성화
  ② 도우미 : 간식준비, 사진관리, 모임장소, 준비물 확인

2. 매주 진행해요.

1년 동안 매주 1회 진행할 수 있도록 구성하였습니다. 교회에 사정에 따라 유동적으로 진행하시기 바랍니다.

3. 온라인 SNS를 활용해요.

* 함께 성경공부와 QT를 함께 나눈다는 마음으로 동참합니다.
* 도움이 되는 찬양이나, 서적, 신문 기사나 동영상을 올려 줍니다.
* 매일 한 명씩 담당자를 정해 기도문이나 찬양을 올리도록 합니다.
* 공지사항을 전달하거나 확인합니다.
* 가정에서의 실천사항을 인증사진이나 후기로 올려 구성원들과 공유합니다.
* 함께하는 사람들과 시간을 정하여 중보기도 모임을 갖습니다.

4. 서로를 위해 기도하며 진행해요.

이름	함께 품고 함께 기도해요.			
	가족		가족 연락처	
	연락처		메일주소	
	기도제목			

5. 이것만은 꼭 약속해요!

모임의 원활한 진행과 활성화를 위해 다음의 다섯 가지 약속을 함께 다짐하며 힘차게 출발합시다. 추가로 더 약속을 정하여도 좋습니다.

나 ______________는 성경공부에 다음과 같이 성실히 임할 것을 약속합니다.

20 년 월 일

내 용	서약
약속 1. 모임시간 지키기	
약속 2. 마치는 시간 지키기	
약속 3. 주제에서 벗어난 내용은 자제하기	
약속 4. 진실되게 말씀 앞에 마음을 오픈하기	
약속 5. 함께 나눈 대화내용은 절대! 비밀 보장하기	

다섯 가지 약속과 함께 행복한 말씀청춘이 되기 위해 함께 읽도록 합니다.

우리는 행복한 말씀청춘!

1. 다양한 사람들이 한 성령님 안에서 아름다운 공동체를 이룹니다.
2. 기쁜 일, 슬픈 일이 생겼을 때 자기 일같이 나서서 서로를 챙깁니다.
3. 모일 때마다, 서로의 기도 제목을 내어 놓고 기도합니다.
4. 모일 때마다, 서로 격려하고 칭찬합니다.
5. 모일 때마다, 세상 이야기보다 영적인 이야기에 집중합니다.
6. 모일 때마다, 말씀을 배우려는 마음의 자세를 가집니다.
7. 모일 때마다, 참석하지 않은 분의 가정 분위기를 파악하고 대처합니다.
8. 모일 때마다, 새로 온 분이나 믿음이 어린 분을 항상 배려합니다.
9. 모일 때마다, 함께 성경공부하는 분들의 영적 성장과 건강을 위해 기도합니다.
10. 모일 때마다, 참석한 모든 사람이 한 마디 이상씩 자신의 생각을 이야기하도록 합니다.

차례

제27과 부르심에 합당한 제자의 삶

[오늘의 말씀 _ 마태복음 4 : 19~22]

말씀하시되 나를 따라오라 내가 너희를 사람을 낚는 어부가 되게 하리라 하시니 그들이 곧 그물을 버려 두고 예수를 따르니라 거기서 더 가시다가 다른 두 형제 곧 세베대의 아들 야고보와 그의 형제 요한이 그의 아버지 세베대와 함께 배에서 그물 깁는 것을 보시고 부르시니 그들이 곧 배와 아버지를 버려 두고 예수를 따르니라

[찬송 _ 찬송가 340장(통 366장) 1절]

어지러운 세상 중에 기쁜 소리 들리네
예수 말씀하시기를 믿는 자여 따르라

[삶을 나눠요]

예수님이 나를 부르셨다는 것을 확신하나요? 이를 어떻게 받아들이고 있는지 서로 나눠 보십시오.

마음을 여는 글

우리는 내가 하고 싶은 일이나 직업을 찾아 나섭니다. 그래서 내가 찾는 일에 도움이 되는 사람에게 심지어 돈을 들고 찾아가기도 합니다. 그런데 예수님은 제자들을 직접 찾아오셔서 함께 일할 사람을 부르십니다. 사람들이 "저를 불러 주세요.", "저를 써 주세요."라고 한 것이 아니라 오히려 예수님이 오셔서 "나를 따라오라."라고 하셨습니다. 이런 예수님의 모습을 보고 어떤 생각이 듭니까?

말씀 속으로

"예수님을 믿는다.", "교회에 다닌다."라는 말에는 상당히 깊은 의미가 있습니다. 그것은 "나는 부름 받았다."라는 것입니다. 예수님은 "갈릴리 해변에 다니시다가…… 그물 던지는 것을 보시니"(마 4 : 18), "나를 따라오라"(19절) 하고 제자들을 부르십니다. 이처럼 우리도 주님의 부르심을 받았습니다. 하지만 우리는 주님께서 나를 부르셨다는 확신을 분명하게 가져야 합니다.

그 확신은 무엇일까요? 그것은 바로 주님께서 원하시는 일이 맡겨진다는 것입니다. "나를 따라오라"라는 예수님의 부름 뒤에 "사람을 낚는 어부가 되게 하리니"라는 일(사역)이 함께 따른다는 것입니다. 그렇다면 주님이 지금 나를 부르시면서 맡겨 주시는 일은 무엇일까요? 바로 "사람을 낚는 어부"입니다. 즉, "물고기를 잡는 일"에서 "사람을 낚는 어부의 일"을 하는 것입니다.

물고기를 잡는 일과 사람을 낚는 어부의 일을 비교해 보면 다음과 같습니다.

물고기를 잡는 일	사람을 낚는 어부의 일
살아 있는 물고기를 잡아 죽게 한다.	예수님을 믿고 생명을 갖게 한다.
물고기를 팔아 돈을 받는다. 자기를 위해 일한다.	생명을 구원해 주님을 기쁘시게 한다. 다른 사람의 생명을 위해 일한다.

이러한 예수님의 부르심에 우리는 어떻게 응답해야 할까요?

오늘 말씀의 20절, 22절에 '곧 제자들이 그물을 버려 두고 따른 것'처럼 우리도 주님의 부르심에 '곧 따를 수 있어야' 합니다.

1. 오늘 나눈 말씀 가운데 특별히 마음에 와닿은 구절이나 배움을 통해 깨달은 점이나 느낀 점이 있다면 무엇입니까?
2. "나는 주님의 부르심을 믿습니다."라고 큰소리로 고백해 봅시다.

생활 속으로

어떤 작은 소녀가 비로 자기 집 마당을 쓸고 있었습니다. 어느 시인이 그 모습을 보고, "보라! 지구를 쓸고 있는 아름다운 소녀를!"이라고 감탄했습니다.

우리는 주님의 부름을 받고 주님의 일, 생명을 살리는 일을 합니다. 할 수 없다는 핑계는 버리고, 부르심에 합당한 제자의 삶을 어떻게 살아갈지 나누어 봅시다.

시편으로 드리는 기도

시편 118 : 16~17

하나님, 하나님의 권능에 의지하여 살아 있는 믿음으로 주님께서 하시는 일을 선포하며 생명을 살리는 일에 쓰임받게 하소서. 아멘.

제28과 예수님을 닮아 가는 제자의 삶

[오늘의 말씀 _ 마태복음 16 : 24]

이에 예수께서 제자들에게 이르시되 누구든지 나를 따라오려거든 자기를 부인하고 자기 십자가를 지고 나를 따를 것이니라

[찬송 _ 찬송가 341장(통 367장) 1절]

십자가를 내가 지고 주를 따라갑니다 이제부터 예수로만 나의 보배 삼겠네
세상에서 부귀영화 모두 잃어버려도 주의 평안 내가 받고 영생 복을 받겠네

[삶을 나눠요]

누군가의 좋은 모습을 따라 해 보거나 흉내내 본 적이 있나요? 좋은 모습을 따라 하는 것과 나쁜 모습을 따라 하는 것 중에 어느 것이 더 쉬웠는지 서로 나눠 보십시오.

마음을 여는 글

어느 교회에 한 어머니가 어린 아들을 어른의 예배 시간에 데리고 왔습니다. 그러자 어린이 부서의 선생님이 "왜 아들을 어린이 예배에 보내지 않고 주일 예배에 함께하나요?"라고 물었더니, "우리 아이가 목사님을 닮았으면 하는 마음이 있기 때문에요." 라고 대답했다고 합니다.

나는 누구를 닮아야 하나요? 다른 사람들에게 나를 닮으라고 할 수 있나요?

말씀 속으로

예수님을 따르는 것은 예수님의 부름이 있고, 그 부름에는 예수님의 일이 있습니다. 우리는 예수님의 부름에 따라 여러 가지 일을 할 수 있습니다. 이러한 삶에서 대두되는 중요한 문제는 바로 나 자신이 어떤 모습과 인격을 가지느냐 하는 것입니다. 그리고 이 문제에 답은 예수님을 닮는 것입니다. 예수님을 닮는다는 것은 참으로 어렵고 힘든 제자의 삶이지만 우리는 예수님을 닮아 가야 합니다.

첫째, 하나님의 일을 생각하는 것입니다. 예수님은 언제나 하나님 아버지의 일, 하나님께서 원하시는 것을 추구하셨습니다. 그래서 겟세마네에서 예수님의 마지막 기도가 "나의 원대로가 아닌 아버지의 원대로"였습니다. 우리는 내가 원하는 것, 내 주장, 내 의견, 나의 일만 생각하고, 하나님의 일을 생각하지 못하는 경우가 많습니다. 그러면 예수님을 닮는 것은 고사하고 죄를 짓게 됩니다. 그래서 우리는 끊임없이 하나님의 일을 생각하며 예수님을 닮아 가야 합니다.

둘째, 자기를 부인하는 것입니다. 예수님은 철저하게 자신을 부인하셨습니다. 자기 부인은 "나는 없다"(I'm nothing)라는 것이고 오직 하나님, 그리고 하나님의 일에 순종하는 것입니다. 예수님은 영광의 본체를 부인하고 사람의 모습으로, 명예와 높임을 부인하고 섬기는 종의 모습으로, 십자가에서 죽으시기까지 순종하는 모습을 보여 주셨습니다. 우리도 예수님과 같이 자기를 부인하고 하나님께 순종해야 합니다.

셋째, 자기 십자가를 지는 것입니다. 예수님은 자기 부인의 삶을 십자가로 몸소, 직접 실천하셨습니다. 말뿐이 아니고, 명령이 아니고, 직접 십자가를 지셨습니다. 주님께서 하신 대로 우리도 십자가를 지고 예수님을 닮아 가야 합니다.

1. 오늘 나눈 말씀 가운데 나에게 특별히 마음에 와닿은 구절이나 배움을 통하여 깨달은 점이나 느낀 점이 있다면 무엇입니까?
2. 그 느낌 속에서 “주님! 저는 정말 하나님의 일만 생각하고 자기를 부인하는 십자가를 지고 주님을 닮아 가겠습니다.”라고 기도해 봅시다.

생활 속으로

다음의 내용을 채워 봅시다.

주님! 주님을 닮는 것은 ______________________________ 라고 생각합니다.

주님을 닮기 위해서 제 자신, __________________ 의 모습을 부인하며 십자가를 지겠습니다.

시편으로 드리는 기도

시편 22 : 6~8

하나님, 나는 죄인입니다. 그래도 자기를 부인하고 예수님을 닮아 가는 제자로 살아갈 수 있도록 성령으로 이끌어 주옵소서. 아멘.

제29과 예수님을 전하는 제자의 삶

[오늘의 말씀 _ 사도행전 3 : 11~15]

나은 사람이 베드로와 요한을 붙잡으니 모든 백성이 크게 놀라며 달려 나아가 솔로몬의 행각이라 불리우는 행각에 모이거늘 베드로가 이것을 보고…… 곧 우리 조상의 하나님이 그의 종 예수를 영화롭게 하셨느니라 너희가 그를 넘겨 주고 빌라도가 놓아 주기로 결의한 것을 너희가 그 앞에서 거부하였으니 너희가 거룩하고 의로운 이를 거부하고 도리어 살인한 사람을 놓아 주기를 구하여 생명의 주를 죽였도다 그러나 하나님이 죽은 자 가운데서 그를 살리셨으니 우리가 이 일에 증인이라

[찬송 _ 찬송가 505장(통 268장) 1절]

온 세상 위하여 나 복음 전하리 만백성 모두 나와서 주 말씀 들으라
죄 중에 빠져서 헤매는 자들아 주님의 음성 듣고서 너 구원 받으라
전하고 기도해 매일 증인 되리라 세상 모든 사람 다 듣고 그 사랑 알도록

[삶을 나눠요]

예수님을 전하는 제자의 삶을 살기 위해 가장 필요한 것은 무엇인지 서로 나눠 보십시오.

마음을 여는 글

독일의 목사로 히틀러정권에 대항하다 붙잡히고, 죽임을 당한 디트리히 본회퍼는 예수 그리스도를 묵상하며 다음과 같은 말을 남겼습니다. "우리가 사는 땅은 예수님이 사람의 몸을 입고 거니심으로 존귀하게 되었고, 사람이 예수 그리스도처럼 살아가는 오직 그때에만 삶의 의미를 찾을 수 있습니다. 예수님이 이 세상에서 친히 살지 않으셨다면, 우리 인생은 우리가 알고 존경하며 사랑하는 그 모든 사람이 치열하게 살아왔음에도 불구하고 아무런 의미가 없습니다." 본회퍼는 예수 그리스도가 없는 우리 인생은 아무런 의미가 없음을 갈파하고 있습니다. 우리가 복음을 믿고, 복음으로 살며, 복음을 전할 때 비로소 우리의 인생은 의미를 찾게 됩니다.

말씀 속으로

베드로와 요한은 성전에 기도하러 가던 중에 태어나면서부터 걷지 못했던 사람을 만납니다. 그 사람이 구걸하자 베드로는 그를 예수 그리스도의 이름으로 고쳐 주었습니다. 주위에 있던 사람들이 크게 놀라 베드로와 요한에게 몰려들어 주목했습니다. 본문은 자신들을 주목하고 모여든 사람들을 향한 베드로와 요한의 반응을 보여 주고 있습니다.

베드로와 요한은 사람들로 하여금 하나님께 시선을 주목하게 하였습니다

걷지 못하는 사람을 고쳐 주고 많은 사람들의 시선을 한 몸에 받게 된 베드로와 요한은 우쭐할 수 있었습니다. 그러나 그들은 자신들에게 쏠리는 시선을 하나님께로 돌립니다. 베드로와 요한은 자신의 능력이 아니라 하나님의 능력이 걷지 못하는 사람을 고치신 것을 분명히 알았습니다. 그래서 자신들을 바라보지 말고 하나님을 바라보고 하나님께 영광을 돌리라고 말한 것입니다. 그렇습니다. 복음을 전하는 사람은 아무리 큰 기적이 자신을 통해 일어나도 사람들의 시선을 하나님께로 돌려야 합니다. 많은 사역자들이 타락하고 잘못된 길을 걸어가는 결정적인 이유는 자신에게 쏟아지는 시선을 하나님께로 돌리지 않았기 때문입니다. 즉, 교만했기 때문입니다. 복음을 전하는 자에게 가장 중요한 것은 사람들로 하여금 끊임없이 하나님께 시선을 두게 하는 것입니다.

베드로와 요한은 기적을 수단으로 복음을 전했습니다

베드로와 요한은 기적을 보고 모여든 사람들에게 이 기적이 어떻게 일어났는지 전했습니다. 그들이 전한 이야기의 핵심 내용은 예수 그리스도, 즉 복음입니다. 베드로와 요한에게 기적은 그 자체가 목적이 아니었습니다. 복음을 전하기 위한 좋은 수단일 뿐이었습니다. 그들은 이 기회를 놓치지 않고 예수 그리스도의 복음을 전하기 시작한 것입니다. 일부 성도들 중에는 기적이나 기도 응답 자체를 목적으로 신앙생활을 하는 이들도 있습니다. 하지만 그리스도인인 우리는 주변에 일어나는 모든 일들이 예수 그리스도의 복음을 향하게 해야 합니다. 왜냐하면 복음이 신앙생활의 목적이기 때문입니다. 복음을 전하는 자에게 가장 중요한 것은 기적이 아니라 복음 그 자체임을 오늘 말씀은 잘 보여 주고 있습니다.

1. 오늘 나눈 말씀 가운데 특별히 마음에 와닿은 구절이나 배움을 통하여 깨달은 점이나 느낀 점이 있다면 무엇입니까?
2. 우리가 복음을 전할 때 가장 피해야 할 것은 무엇입니까?

생활 속으로

1. 지금까지 몇 명에게 복음을 전했는지 말해 봅시다.
2. 남은 인생 동안 누구에게 복음을 전할지 적어 보고, 기회가 될 때마다 복음을 전해 봅시다.

시편으로 드리는 기도

시편 9 : 1

하나님, 나에게 예수 그리스도의 복음을 듣게 하시고 구원해 주심을 전심으로 감사합니다. 남은 인생 동안 주의 모든 기이한 일들을 사람들에게 전하며 살아가게 하옵소서. 아멘.

제30과 섬기는 제자의 삶

[오늘의 말씀 _ 사도행전 16 : 11~15]

우리가 드로아에서 배로 떠나 사모드라게로 직행하여 이튿날 네압볼리로 가고 거기서 빌립보에 이르니 이는 마게도냐 지방의 첫 성이요 또 로마의 식민지라 이 성에서 수일을 유하다가 안식일에 우리가 기도할 곳이 있을까 하여 문 밖 강가에 나가 거기 앉아서 모인 여자들에게 말하는데 두아디라 시에 있는 자색 옷감 장사로서 하나님을 섬기는 루디아라 하는 한 여자가 말을 듣고 있을 때 주께서 그 마음을 열어 바울의 말을 따르게 하신지라 그와 그 집이 다 세례를 받고 우리에게 청하여 이르되 만일 나를 주 믿는 자로 알거든 내 집에 들어와 유하라 하고 강권하여 머물게 하니라

[찬송 _ 찬송가 326장(통 368장) 1절]

내 죄를 회개하고 주 예수 믿고서 내 주를 사랑하며 잘 섬기리로다
나 어디 가든지 무엇하든지 주 예수 위하여 충성하리라

[삶을 나눠요]

하나님께서 원하시는 섬기는 제자의 삶이란 무엇인지 서로 나눠 보십시오.

마음을 여는 글

인도 캘커타에서 가난한 사람들을 섬기며 살았던 테레사 수녀에게 어느 날 한 사람이 다음과 같은 질문을 했습니다. “수녀님은 잘 사는 사람, 평안하게 살아가는 사람, 그리고 높은 자리에서 삶을 살아가는 그런 사람들을 바라볼 때 시기심이 안 생깁니까? 이런 삶으로 만족하십니까?” 테레사 수녀는 이 질문에 대해 다음과 같이 대답했습니다. “허리를 굽히고 섬기는 사람에게는 위를 쳐다볼 수 있는 시간이 없으니까요.” 섬기는 사람은 테레사 수녀처럼 세상 사람들을 의식하고 시샘하면서 살지 않습니다. 오직 하나님의 시선만 의식하면서 자신에게 맡겨진 사명을 잘 감당할 뿐입니다.

말씀 속으로

섬기는 제자의 삶은 여호와 이레를 경험합니다

2차 전도여행을 떠날 당시 바울의 머릿속에는 빌립보가 전혀 없었습니다. 하지만 바울은 성령의 인도하심에 순종하고 계획에 없던 마게도냐 지방의 빌립보로 향합니다. 마게도냐는 소아시아와 마찬가지로 같은 로마 제국이긴 하지만 바울에게는 낯선 곳입니다. 13절을 보면, 안식일에 바울 일행이 기도할 곳을 찾아 헤맨 것을 볼 때 유대인 회당도 없었던 것 같습니다. 그러나 그곳에는 하나님께서 준비해 두신 믿음의 여인이 있었습니다. 바로 루디아입니다. 하나님께서는 루디아의 마음을 여시고 바울이 전하는 복음을 귀담아 듣게 하셨습니다. 결국 그녀와 그녀의 가족들은 다 세례를 받고 그리스도인이 됩니다. 이렇게 바울은 루디아와 그 가족에게 복음을 전하면서 여호와 이레를 경험하게 됩니다.

섬기는 제자의 삶은 은혜에 보답하는 것입니다

바울을 통해 복음을 듣고 세례를 받은 루디아는 바울 일행에게 자신의 집에 머물 것을 간청합니다. 루디아 덕분에 바울은 빌립보에서 적극적으로 전도 사역을 펼쳐 나갈 수 있게 됩니다. 그리고 루디아 집은 빌립보에서 교회로서의 역할을 담당하게 됩니다. 루디아는 자신이 가진 것으로 복음을 전하는 자들을 최선을 다해 섬기면서 자신이 받은 하나님의 은혜에 보답했습니다. 루디아는 복음을 듣고 세례를 받아 구원의 은혜를 받은 성도들의 삶이 어떠해야 하는지 잘 보여 주고 있습니다. 즉, 섬기는 제자의 삶은 하나님의 은혜에 보답하는 것입니다.

1. 오늘 나눈 말씀 가운데 특별히 마음에 와닿은 구절이나 배움을 통하여 깨달은 점이나 느낀 점이 있다면 무엇입니까?
2. 섬기는 제자의 삶을 살기 위해 갖추어야 할 것은 무엇인지 말해 봅시다.

생활 속으로

1. 하나님과 이웃을 잘 섬겼던 일 중에서 가장 기억나는 것을 이야기해 봅시다.
2. 위의 일이 기억에 남는 이유와 그 일이 지금 내 신앙에 어떤 영향을 끼쳤는지 이야기해 봅시다.

시편으로 드리는 기도

시편 100 : 2

하나님, 예수 그리스도를 통해 나를 구원해 주심을 감사드립니다. 하나님의 은혜로 구원 받은 자로서 기쁨으로 여호와를 섬기고 노래하며 하나님 앞에 나아가는 삶을 살아가게 하옵소서. 아멘.

제31과 하나님 앞에서 영원한 예배자

[오늘의 말씀 _ 요한복음 4 : 19~24]

여자가 이르되 주여 내가 보니 선지자로소이다…… 예수께서 이르시되 여자여 내 말을 믿으라 이 산에서도 말고 예루살렘에서도 말고 너희가 아버지께 예배할 때가 이르리라 너희는 알지 못하는 것을 예배하고 우리는 아는 것을 예배하노니 이는 구원이 유대인에게서 남이라 아버지께 참되게 예배하는 자들은 영과 진리로 예배할 때가 오나니 곧 이때라 아버지께서는 자기에게 이렇게 예배하는 자들을 찾으시느니라 하나님은 영이시니 예배하는 자가 영과 진리로 예배할지니라

[찬송 _ 찬송가 67장(통 31장) 1, 4절]

영광의 왕께 다 경배하며 그 크신 사랑 늘 찬송하라 예부터 영원히 참 방패시니 그 영광의 주를 다 찬송하라
질그릇같이 연약한 인생 주 의지하여 늘 강건하리 온 백성 지으신 만왕이시니 그 자비 영원히 변함없어라

[삶을 나눠요]

하나님께 예배하는 삶은 어떠한 삶인지 서로 나눠 보십시오.

마음을 여는 글

호렙산에서 모세는 불이 붙었으나 사라지지 않는 떨기나무 불꽃 가운데 하나님과 첫 대면을 했습니다. 모세는 여든 살에 하나님의 부르심을 받아 이스라엘 민족의 지도자로 세움을 받습니다. 하나님의 사람들은 모두 하나님을 만났습니다. 여호수아도, 사무엘도, 엘리야도, 이사야도 모두 하나님을 만났습니다. 하나님을 만나면 변화됩니다. 예수님을 보기 위하여 돌무화과나무에 올라갔던 삭개오와 디매오의 아들 맹인 바디매오도 예수님을 만남으로 새로운 삶이 시작되었습니다. 예배는 하나님과의 만남입니다.

말씀 속으로

수가성 우물가의 여인은 예수님을 유대인 남자로만 생각한 것 같습니다. 예수님이 여인에게 물을 좀 달라 하시니(요 4 : 7) 여자는 당신은 유대인으로서 어찌하여 '사마리아 여자인 나에게' 물을 달라고 하느냐고 항변합니다. 이에 예수님은 "네게 물 좀 달라 하는 이가 누구인 줄을 알았더라면 오히려 네가 그에게 구하였을 것이며, 그가 생수를 주었을 것"이라 말씀하십니다(요 4 : 10). 예수님과 대화 중에 예수님이 자신의 모든 것을 아시는 주(主)이심을 알아본 이 여인은 별안간 예수님을 선지자로 고백하며, 예배에 대한 질문을 쏟아 놓습니다. 그중에서도 이스라엘이 남북 분단 이후 줄곧 사마리아 사람들이 생각한 그리심산과 대비하며 예루살렘 성전에서의 예배를 거론하면서 '예배 장소'를 이야기하지만 예수님은 영과 진리로 '예배할 때'를 강조하시며, 아버지께서는 참되게 예배하는 자를 찾으신다고 말씀합니다.

하나님께 예배하는 자는 영과 진리로 예배해야 합니다

"이 산에서도 말고 예루살렘에서도 말고 너희가 아버지께 예배할 때가 이르리라"(21절)는 말씀은 예배의 장소가 중요하지 않다는 말씀이 아니라 예배는 장소를 초월한다는 사실을 말씀하신 것입니다. 그러므로 예배자의 자세가 중요합니다. 하나님께서는 영과 진리로 예배하는 자들을 찾으십니다. 그래서 바울은 "시와 찬송과 신령한 노래들로 서로 화답하며 너희의 마음으로 주께 노래하며 찬송하며 범사에 우리 주 예수 그리스도의 이름으로 항상 아버지 하나님께 감사하며 그리스도를 경외함으로 피차 복종하라"(엡 5 : 19-21)고 권면하며 영적인 예배(롬 12 : 1)의 중요성을 강조합니다.

예배자는 변화된 삶을 통하여 예수 그리스도의 증인이 되어야 합니다

사람들을 피하여 대낮에 물을 길러 온 사마리아 여인은 예수님을 만나고 진리를 깨닫게 되자 그 즉시 물동이를 버려 두고 동네로 들어가서 사람들에게 소리칩니다. "내가 행한 모든 일을 내게 말한 사람을 와서 보라 이는 그리스도가 아니냐"(요 4 : 29). 이 여자의 증언으로 말미암아 많은 사마리아 사람들이 예수님을 믿게 되었습니다(요 4 : 39). 예수 그리스도와 만남, 즉 예배를 통하여 변화를 받은 그리스도인들은 예수 그리스도의 증인이 될 수밖에 없습니다.

1. 오늘 나눈 말씀 가운데 특별히 마음에 와닿은 구절이나 배움을 통하여 깨달은 점이나 느낀 점이 있다면 무엇입니까?
2. 내가 영원한 예배자로 살기 위하여 변화되어야 할 점은 무엇입니까?

생활 속으로

예배 생활을 통하여 나에게 어떤 일들이 일어났는지 이야기해 봅시다.

1. 개인적인 면에서(생각의 변화와 성격)
2. 가정에서
3. 대인 관계와 사회(직장)생활에서

시편으로 드리는 기도

시편 96 : 7~9

하나님, 만국의 족속들이 여호와의 이름에 합당한 영광과 권능을 여호와께 돌리게 하시고, 예물과 아름답고 거룩한 것으로 여호와께 예배하게 하옵소서. 온 땅이 여호와를 두려워하며 경외하게 하옵소서. 아멘.

제32과 찬양의 제사를 드림

[오늘의 말씀 _ 시편 150 : 1~6]

할렐루야 그의 성소에서 하나님을 찬양하며 그의 권능의 궁창에서 그를 찬양할지어다 그의 능하신 행동을 찬양하며 그의 지극히 위대하심을 따라 찬양할지어다 나팔 소리로 찬양하며 비파와 수금으로 찬양할지어다 소고 치며 춤추어 찬양하며 현악과 퉁소로 찬양할지어다 큰 소리 나는 제금으로 찬양하며 높은 소리 나는 제금으로 찬양할지어다 호흡이 있는 자마다 여호와를 찬양할지어다 할렐루야

[찬송 _ 찬송가 21장(통 21장) 1, 3절]

다 찬양하여라 전능왕 창조의 주께 내 혼아 주 찬양 평강과 구원의 주님
성도들아 주 앞에 이제 나와 즐겁게 찬양하여라
다 찬양하여라 온 몸과 마음을 바쳐 이 세상 만물이 주 앞에 다 나와 찬양
성도들아 기쁘게 소리 높여 영원히 찬양하여라

[삶을 나눠요]

하나님을 찬양하는 삶을 통하여 내가 얻게 된 은혜들을 서로 나눠 보십시오.

마음을 여는 글

유다 왕 여호사밧은 모압과 암몬이 마온 사람들과 연합하여 예루살렘을 향하여 진격해 온다는 소식을 들었습니다. 여호사밧은 어떤 방법으로 계산해 보아도 유다의 군대로는 대적할 수 없음을 알았습니다. 그래서 백성들에게 금식을 선포하고 여호와께 도움을 구하며 기도하게 했습니다. 그리고 드고아들로 나아가 전열을 정비했는데, 맨 앞쪽에 찬양대가 거룩한 예복을 입고 군대 앞에서 행진하며 여호와를 찬양하게 하였습니다. "그 노래와 찬송이 시작될 때에 여호와께서 복병을 두어 유다를 치러 온 암몬 자손과 모압과 세일산 주민들을 치게 하시므로 그들이 패하였으니"(대하 20 : 22). 함께 모여 여호와를 송축한 이 골짜기를 '브라가(송축) 골짜기'라고 일컫게 되었습니다(대하 20 : 26).

말씀 속으로

하나님께서 이사야에게 이스라엘을 선민으로 삼으시고 구원하신 이유를 설명합니다. "이 백성은 내가 나를 위하여 지었나니 나를 찬송하게 하려 함이니라"(사 43 : 21). 하나님의 사랑으로 예수 그리스도를 통해 구원을 받은 성도들도 마찬가지입니다. 호흡이 있는 모든자는 여호와 하나님을 찬양하며 그에게 영광을 돌려야 합니다. 하나님께서는 세상 모든 것을 창조하신 주인이시며, 능력과 부와 지혜와 힘과 존귀와 영광과 찬송을 받으시기에 합당하신 분이기(계 5 : 12) 때문입니다. 하나님만이 우리의 찬양을 받으실 유일하신 분입니다.

그의 성소에서, 그의 권능의 궁창에서 찬양의 제사를 드려야 합니다

찬양의 제사는 장소의 구분이 없습니다. 성전에서도, 가정에서도, 일터나 학교에서도, 어디서나 하나님을 찬양해야 합니다. "할렐루야 그의 성소에서 하나님을 찬양하며 그의 권능의 궁창에서 그를 찬양할지어다"(1절). 그리고 "호흡이 있는 자마다 여호와를 찬양할지어다 할렐루야"(6절)라는 명령은 누구든지 찬양의 제사를 드려야 한다는 말씀입니다. 그리고 시편의 마지막인 150편에서 여호와 하나님께 모든 것을 다 동원하여 나팔 소리로, 비파와 수금으로, 소고 치고 춤추며, 현악과 퉁

소로, 큰 소리 나는 제금과 높은 소리 나는 제금으로 찬양할 것을 명령합니다.

찬양은 우리의 삶에서 드려지는 신령한 제사이자 기도입니다

찬양의 제사는 시간의 제한이 없습니다. 기쁠 때도 찬양하지만 슬프고, 외롭고, 힘들 때도 찬양해야 합니다. 찬양은 곡조가 있는 기도입니다. “쉬지 말고 기도하라”(살전 5 : 17)는 말씀이나 “시와 찬송과 신령한 노래들로 서로 화답하며 너희의 마음으로 주께 노래하며 찬송하며”(엡 5 : 19), “‘범사에’ 우리 주 예수 그리스도의 이름으로 ‘항상’ 아버지 하나님께 감사하며”(엡 5 : 20)는 언제나 우리의 삶을 통하여 하나님을 찬양하라는 말씀입니다.

1. 오늘 나눈 말씀 가운데 특별히 마음에 와닿은 구절이나 배움을 통하여 깨달은 점이나 느낀 점이 있다면 무엇입니까?
2. 내가 찬양의 삶을 살아야 할 이유를 생각해 보고, 찬양의 삶을 살기 위하여 어떤 다짐을 하게 되었는지 나누어 봅시다.

생활 속으로

내가 아래와 같은 상황에서 부를 수 있는 찬송을 세 곡 이상 정하여 적어 봅시다.

죄로 인해 괴로울 때	구원의 감격으로 기쁨이 넘칠 때	이웃과 가족으로 인해 안타까울 때
외롭고 고독할 때	나라와 민족을 위하여 기도할 때	하늘 나라에 대한 소망과 간절함을 느낄 때

시편으로 드리는 기도

시편 146 : 1~2

하나님, 내 영혼이 여호와 하나님을 찬양합니다. 나의 생전에 항상 여호와를 찬양하게 하시고 나의 평생에 하나님을 찬송하는 삶이 되게 하여 주옵소서. 아멘.

제33과 범사에 기도하는 삶

[오늘의 말씀 _ 누가복음 11 : 11~13]

너희 중에 아버지 된 자로서 누가 아들이 생선을 달라 하는데 생선 대신에 뱀을 주며 알을 달라 하는데 전갈을 주겠느냐 너희가 악할지라도 좋은 것을 자식에게 줄 줄 알거든 하물며 너희 하늘 아버지께서 구하는 자에게 성령을 주시지 않겠느냐 하시니라

[찬송 _ 찬송가 364장(통 482장) 1절]

내 기도하는 그 시간 그 때가 가장 즐겁다
이 세상 근심 걱정에 얽매인 나를 부르사
내 진정 소원 주 앞에 낱낱이 바로 아뢰어
큰 불행 당해 슬플 때 나 위로 받게 하시네

[삶을 나눠요]

지난 한 주 동안 살면서 하나님께 감사한 것과 하나님의 은혜를 느꼈던 순간이 언제였는지 서로 나눠 보십시오.

마음을 여는 글

"계속 기도하라.
그리고 하나님의 응답이 당신의 기도보다
더 지혜로움에 감사하라!"
〈윌리엄 컬버트슨(1905-1971) / 무디성경연구소 소장〉

- 『50인 크리스천이 꼭 알아야 할 믿음의 사람들』
(워렌 W. 위어스비, 요단출판사, 2011) 중에서

말씀 속으로

여러분은 무슨 기도를 하십니까? 성경은 왜 우리에게 쉬지 말고 기도하라고 했을까요? 이 시간에는 우리가 늘 하고 있는 기도에 대해 생각해 봅시다.

기도가 하루 일 중에서 가장 중요한 일입니다

우리는 하루에도 여러 가지 활동을 하면서 지냅니다. 일을 하거나 쉬기도 하고, 친구를 만나기도 하고, 집안일을 하기도 합니다. 잠을 자고, 때가 되면 밥도 먹고, 운동도 합니다. 이는 우리에게 꼭 필요한 일이고 우리가 해야 할 활동들입니다. 많은 일들 중에서 그리스도인들에게는 단연 기도가 가장 중요하고 시급한 일입니다. 하루 중에서 가장 먼저 챙겨야 할 일입니다. 그래서 믿음의 사람들은 제일 먼저 기도하는 시간부터 챙기고 기도로 하루를 시작했습니다.

기도는 우리가 일하며 사는 방법입니다

우리는 기도하면서 일을 합니다. 우리가 아무리 노력해도 하나님께서 도와주시지 않으면 허사가 됩니다. "여호와께서 집을 세우지 아니하시면 세우는 자의 수고가 헛되며 여호와께서 성을 지키지 아니하시면 파수꾼의 깨어 있음이 헛되도다"(시 127 : 1). 기도가 일을 하게 합니다. 기도는 우리의 수고가 헛되지 않도록 하고, 일을 할 수 있는 지혜와 힘을 줍니다. 하나님께서는 기도를 통하여 우리에게 좋은 것을 주기 원하시는 아버지이십니다.

기도는 사명입니다

기도는 우리가 감당해야 할 사명입니다. “기도는 노동이다.”라는 말이 있습니다. 기도가 그만큼 힘이 드는 일이라는 뜻이지만 기도는 우리가 반드시 해야 하는 주의 일이라는 의미입니다. 하나님은 우리에게 기도의 사명을 주셨습니다. 우리가 기도하는 것은 곧 주의 일을 하는 것입니다. 가정과 이웃을 위하여 기도해야 합니다. 섬기는 교회와 한국교회를 위하여 기도해야 합니다. 나라와 민족을 위하여 기도해야 합니다. 이것이 우리가 감당해야 할 기도의 사명입니다. 우리는 기도 사명자입니다.

1. 나의 기도 시간을 생각해 보고 나누어 봅시다.
2. 기도하는 데 방해가 되는 것은 무엇인지 나누어 봅시다.

생활 속으로

하나님과의 대화, 기도를 돕는 성경 구절을 찾아 적어 봅시다.

예) 빌립보서 4 : 6~7

1)____________________________________

2)____________________________________

시편으로 드리는 기도

시편 145 : 18

하나님, 우리가 하나님께 진실되게 간구하는 자들이 되게 하옵소서. 아멘.

제34과 바르게 드려야 하는 헌금

[오늘의 말씀 _ 마가복음 12 : 41~44]

예수께서 헌금함을 대하여 앉으사 무리가 어떻게 헌금함에 돈 넣는가를 보실새 여러 부자는 많이 넣는데 한 가난한 과부는 와서 두 렙돈 곧 한 고드란트를 넣는지라 예수께서 제자들을 불러다가 이르시되 내가 진실로 너희에게 이르노니 이 가난한 과부는 헌금함에 넣는 모든 사람보다 많이 넣었도다 그들은 다 그 풍족한 중에서 넣었거니와 이 과부는 그 가난한 중에서 자기의 모든 소유 곧 생활비 전부를 넣었느니라 하시니라

[찬송 _ 찬송가 216장(통 356장) 1절]

성자의 귀한 몸 날 위하여 버리신 그 사랑 고마워라
내 머리 숙여서 주님께 비는 말 나 무엇 주님께 바치리까

[삶을 나눠요]

헌금 준비를 어떻게 하는지, 어떤 마음가짐으로 하는지 서로 나눠 보십시오.

마음을 여는 글

목재사업을 하는 한 성도분은 예배하는 것이 너무나 감격스러워 매주일 십일조를 드린다고 합니다. 그것도 반드시 새 돈으로 말입니다. 주일헌금은 물론 감사헌금, 건축헌금, 선교헌금 등도 마찬가지라고 합니다. 그래서 금요일 오후마다 은행에 가는 것이 주요 일과인데 어쩌다가 은행에 가지 못했을 때는 집안에 있는 현금 중에서 가장 깨끗한 것을 골라 다림질을 한다고 합니다.
'참 별난 사람이네'라고 웃고 넘어갈 수도 있지만 마음을 다하고 성품을 다하여 하나님을 섬기기 위해 한 장의 지폐에도 정성을 다하는 모습이 아닐까 생각해 봅니다.

말씀 속으로

성도는 성경의 가르침을 따라서 세상 사람들과는 다른 기준을 가지고, 다른 자세로 사는 사람들입니다. 돈에 대한 태도도 달라야 합니다. 돈을 버는 것도 다르게 벌고 돈을 쓰는 것도 다르게 씁니다.

하나님은 흠 없는 봉헌을 기뻐하십니다

구약시대는 제물을 드릴 때 흠 없는 짐승을 드렸습니다. 흠이 있는 짐승은 아무리 잘생기고 커도 하나님께 드리는 제물이 될 수가 없었습니다. 우리가 봉헌을 드릴 때도 흠 없는 재물을 드려야 합니다. 아무 돈이나 많이 드린다고 하나님께서 기뻐하시는 것은 아닙니다. 하나님은 거룩한 예물을 원하십니다. 깨끗하고 정직하게 벌어서 드리는 것을 기뻐하십니다. 성도는 돈을 벌 때부터 성도답게 벌어야 합니다. 그래서 흠이 없는 봉헌이 될 수 있습니다.

하나님은 정성스러운 봉헌을 기뻐하십니다

봉헌은 양보다 정성이 담겨 있어야 한다는 점이 중요합니다. 비록 적은 돈일지라도 정성을 다하여 드린다면 하나님께서 기쁘게 받으실 것입니다. 여인은 가진 것이 없는 중에도 주님께 봉헌을 하고 싶었고, 그래서 자기가 가진 모든 것을 드렸습니다. 그것은 바로 두 렙돈이었습니다. 두 렙돈에는 하나님을 향한 정성스러운 마음이 듬뿍 담겨 있었습니다. 그래서 예수님은 "모든 사람보다 많이 넣었도다"(막 12 : 43)라고 하셨습니다.

하나님은 넉넉한 마음으로 드리는 봉헌을 기뻐하십니다

이스라엘 백성들이 성전 건축을 위해 봉헌했을 때 차고 넘쳤습니다. 이것은 주님을 사랑하는 마음이 넘쳐나서 넉넉한 마음으로 드린 것입니다. 과부의 두 렙돈은 적은 돈입니다. 렙돈은 그 당시 가장 작은 화폐 단위입니다. 그런데도 주님은 "가난한 중에…… 생활비 전부를"(막 12 : 44) 드렸다고 칭찬하셨습니다. 인색한 마음이 있었다면 할 수 없는 일입니다. "각각 그 마음에 정한 대로 할 것이요 인색함으로나 억지로 하지 말지니 하나님은 즐겨 내는 자를 사랑하시느니라"(고후 9 : 7).

1. 하나님께서 기쁘게 받으시는 흠 없는 봉헌은 어떤 봉헌입니까?

생활 속으로

〈성경 속 화폐 : 렙돈〉

예수님이 칭찬한 과부의 헌금을 묵상해 보며 나는 정성스러운 봉헌을 하고 있는지 나눠 봅시다.

시편으로 드리는 기도

시편 139 : 17~18

하나님, 세상에 충만한 것이 다 주님의 것이오니 주님께 드리는 봉헌뿐만 아니라 나의 생활이 주님께 드려진 산 제물이 되게 하여 주옵소서. 아멘.

제35과 주일 성수의 축복

[오늘의 말씀 _ 창세기 2 : 1~3]

천지와 만물이 다 이루어지니라 하나님이 그가 하시던 일을 일곱째 날에 마치시니 그가 하시던 모든 일을 그치고 일곱째 날에 안식하시니라 하나님이 그 일곱째 날을 복되게 하사 거룩하게 하셨으니 이는 하나님이 그 창조하시며 만드시던 모든 일을 마치시고 그 날에 안식하셨음이니라

[찬송 _ 찬송가 43장(통 57장) 1절]

즐겁게 안식할 날 반갑고 좋은 날 내 맘을 편케 하니 즐겁고 기쁜 날
이날에 천하 만민 다 보좌 앞에서 참되신 삼위일체 다 찬송 부르네

[삶을 나눠요]

지난 한 주간 가장 보람된 일은 무엇이었는지 서로 나눠 보십시오.

마음을 여는 글

미국 서부 개척시대에 일단의 사람들이 서부로 발걸음을 옮기고 있었습니다. 그중 일부는 하루도 쉬지 않고 달렸고, 일부는 주일 하루를 쉬면서 달렸습니다. 당연히 하루도 쉬지 않고 달린 사람들이 먼저 도착했어야 했지만 결과는 정반대였습니다. 하루를 쉬고 간 사람들이 먼저 도착했고, 쉬지 않고 간 사람들이 늦게 도착했는데 도착한 사람들의 수에도 차이가 있었습니다. 하루도 쉬지 않았던 사람들은 대부분 과로로 죽었고, 주일 하루를 쉬었던 사람들은 한 사람의 낙오자도 없이 안전하게 도착했습니다. 주일 하루를 충분히 쉬면서 달렸기 때문입니다. 인생의 경주는 언제나 쉬시 않고 달리는 사람보다 쉬면서 달린 사람이 안전하고 빠릅니다.

말씀 속으로

주일 성수는 구약의 안식일에서 출발합니다. 6일간 천지를 창조하신 하나님께서는 7일째 쉬셨습니다. 그래서 일주일은 7일로 구성되었고, 마지막 일곱 번째 날은 안식하며 쉬는 날입니다. 이것이 신약시대에 와서 예수님의 부활을 기념하며, 예배하는 주일이 되었습니다. 안식일 후 첫날, 즉 일요일에 제자들이 보여서 수님을 찬미하며 예배하는 날이 되었습니다. 그래서 그리스도인들은 유대인들과 달리, 일요일을 주일로 지키며 예배합니다.

주일 성수란 주일을 거룩하게 지키는 것을 의미하고, 주일을 지킨다는 것은 하나님의 은혜와 복을 받는 통로가 됩니다. 이것은 두 가지의 의미가 있습니다.

첫째, 주일은 안식의 축복이 있습니다. 주일은 일상을 멈추고 평안히 안식하는 날입니다. 프랑스 혁명 때, 일주일을 10일로 바꾼 적이 있습니다. 일을 더 많이 하면 생산량이 높아질 것 같았지만, 오히려 생산량이 40%나 줄었습니다. 러시아 혁명 당시에도 일주일을 8일로 늘려서 더 일을 하게 했지만, 오히려 생산량이 더 줄어들었습니다. 반대로 일주일을 6일로 줄여서 실험한 적도 있었는데, 이 또한 생산량이 30% 줄어들었습니다. 결국 일주일을 7일로 할 때 인간의 생체리듬과 가장 잘 맞다는 결론을 내리게 된 것입니다. 일주일에 하루는 반드시 쉬어야 합니다. 이것은 안식일이 주는 축복입니다.

둘째, 주일은 예배의 축복이 있습니다. 주일은 우리의 육체만 쉬는 것이 아니라, 우리의 영혼도 쉬는 날입니다. 영혼이 쉬는 것은 주님께 예배하는 것을 의미합니다. 예수님은 "수고하고 무거운 짐 진 자들아 다 내게로 오라 내가 너희를 쉬게 하리라"(마 11 : 28)라고 말씀하십니다. 예수님께 나아가는 것이 참된 쉼을 얻는 것입니다. 우리의 영혼은 말씀을 들을 때, 주님을 찬양할 때, 교회에서 안식할 때, 믿음의 형제들과 사랑의 교제를 나눌 때 비로소 안식을 얻게 됩니다. 예배는 우리의 신앙에 매우 중요한 활력을 제공합니다. 예배를 통해 우리의 영혼이 복을 얻는 시간이 되기를 소망합니다.

1. 오늘 말씀 가운데 특별히 마음에 와닿는 구절이나 배움을 통해 깨달은 것, 혹은 느낀 점은 무엇입니까?
2. 주일 성수를 잘 하지 않았던 경험이 있다면 언제, 왜 그랬는지 나누어 봅시다.

생활 속으로

주일 성수를 통해서 얻는 기쁨과 행복이 무엇인지 나누어 봅시다.

시편으로 드리는 기도

시편 84 : 10

하나님, 주의 궁정에서의 한 날이 다른 곳에서 천 날을 화려하게 사는 것보다 더 좋습니다. 하나님의 거룩한 성전에서 힘을 얻고, 승리하며 살아가게 하여 주옵소서. 아멘.

제36과 하나님의 말씀, 성경

[오늘의 말씀 _ 디모데후서 3 : 15~16]

또 어려서부터 성경을 알았나니 성경은 능히 너로 하여금 그리스도 예수 안에 있는 믿음으로 말미암아 구원에 이르는 지혜가 있게 하느니라 모든 성경은 하나님의 감동으로 된 것으로 교훈과 책망과 바르게 함과 의로 교육하기에 유익하니

[찬송 _ 찬송가 205장(통 236) 1절]

주 예수 크신 사랑 늘 말해 주시오 나 항상 듣던 말씀 또 들려주시오
저 뵈지 않는 천국 주 예수 계신 곳 나 밝히 알아듣게 또 들려주시오
나 항상 듣던 말씀 나 항상 듣던 말씀 주 예수 크신 사랑 또 들려주시오

[삶을 나눠요]

하나님의 말씀을 왜 꿀보다 더 달다고 하는지 서로 나눠 보십시오.

마음을 여는 글

성경은 살아 계신 하나님이 살아 있는 사람에게 주시는 살아 있는 말씀입니다.
성경은 각 세대를 위한 현재의 메시지입니다.

– 『존 스토트의 설교』(존 스토트, IVP, 2020) 중에서 –

말씀 속으로

하나님께서 우리에게 많은 은혜와 복을 주셨습니다. 그중에 우리가 꼭 기억하고 내 것이 되게 해야 할 복이 있습니다. 바로 성경입니다. 성경이 내 것이 되어야 하고, 복이 되는 이유를 요한복음 3 : 16에서 찾을 수 있습니다. 이 말씀은 복음의 축소판이고, 성경의 내용을 한 절로 요약한 것으로 우리를 향한 하나님의 사랑과 구원의 은혜가 담겨 있습니다. 하나님의 구원과 사랑이 담긴 성경보다 더 크고 귀한 복은 없을 것입니다. 그러나 우리는 작은 복은 구하고 가지려고 하면서도 정말 귀하고 큰 하나님의 복인 성경을 내 것으로 삼으려 하지 않습니다. 우리는 성경 자체가 하나님의 복인 것을 알고 그 복을 소유해야 할 것입니다.

성경의 복을 소유하기 위해 우리는 1) 성경을 알아야 합니다. 본문 15절은 어려서부터 성경을 알았고 성경에는 구원에 이르는 지혜가 있다고 기록하고 있습니다. 결국 구원을 위해 성경을 알아야 한다는 것입니다. 호세아 4 : 6에는 “내 백성이 지식이 없으므로 망하는도다”라고 말씀하고 있습니다. 성경을 모르면 망한다는 것입니다. 그리고 디모데전서 2 : 4에서는 “하나님은 모든 사람이 구원을 받으며 진리를 아는 데에 이르기를 원하시느니라”라고 말합니다. 진리인 성경을 알아야 구원이 온전하다는 것입니다. 그리고 로마서 12 : 2의 말씀대로 하나님의 온전하신 뜻을 알고 분별할 수 있어야 하나님의 구원과 축복이 내 것이 될 것입니다.

2) 성경을 믿어야 합니다. 본문 16절에 성경이 기록된 목적은 교훈과 책망과 바르게 함과 의로 교육하기에 유익하다고 말합니다. 이 말씀은 성경을 배우고 가르쳐야 한다는 의미도 있지만, 성경이 우리의 믿음과 삶에 영향을 끼쳐서 성경말씀을 사람들이 볼 수 있게 해야 한다는 것이라 할 수 있습니다. 노년의 삶과 신앙생활

에서 중요하게 여겨야 할 것이 많을 것입니다. 그러나 우리가 힘써야 할 것은 다른 사람들에게 우리의 믿음과 삶을 통해 성경에 담겨 있는 하나님의 구원과 사랑이 왜 복인지를 보고, 알고, 믿게 해야 합니다. 이것이 그리스도인으로서 노년의 삶을 사는 모든 어른의 사명이라 생각합니다.

1. 오늘 나눈 말씀 가운데 특별히 가슴에 와닿은 구절이나 배움을 통하여 깨달은 점이나 느낀 점이 있다면 무엇입니까?
2. 성경이 하나님의 구원과 사랑의 복이라면 나는 성경을 어떻게 대하고 받아들여야 할지 생각해 보고 서로 나눠 봅시다.

생활 속으로

1. 성경을 알기 위해 어떤 노력을 했었는지 생각해 보고 성경을 더 알기 위한 계획을 세우고 실천해 봅시다.
2. 어떻게 해야 우리의 믿음과 삶을 통해 성경말씀을 사람들이 보고, 알고, 믿게 할 수 있는지 말해 봅시다.
3. 성경이 하나님의 복이라는 사실을 말할 수 있는 나의 경험을 서로 나눈 후, 전해 봅시다.

시편으로 드리는 기도

시편 19 : 6~11

하나님, 하나님의 말씀인 성경이 우리에게 보물이며 복으로서 어떤 것을 가져다주는지 알게 하옵시고, 성경에 담긴 하나님의 복을 전하고 누릴 수 있게 하옵소서. 아멘.

제37과 배우고 가르쳐야 하는 성경

[오늘의 말씀 _ 느헤미야 8 : 1~12]

…… 모든 백성이 일제히 수문 앞 광장에 모여 학사 에스라에게 여호와께서 이스라엘에게 명령하신 모세의 율법책을 가져오기를 청하매 일곱째 달 초하루에 제사장 에스라가 율법책을 가지고…… 수문 앞 광장에서 새벽부터 정오까지 남자나 여자나 알아들을 만한 모든 사람 앞에서 읽으매 뭇 백성이 그 율법책에 귀를 기울였는데…… 오늘은 성일이니 마땅히 조용하고 근심하지 말라 하니 모든 백성이 곧 가서 먹고 마시며 나누어 주고 크게 즐거워하니 이는 그들이 그 읽어 들려준 말을 밝히 앎이라

[찬송 _ 찬송가 199장(통 234) 1절]

나의 사랑하는 책 비록 해어졌으나 어머니의 무릎 위에 앉아서 재미있게 듣던 말
그때 일을 지금도 내가 잊지 않고 기억합니다 귀하고 귀하다 우리 어머니가 들려주시던
재미있게 듣던 말 이 책 중에 있으니 이 성경 심히 사랑합니다

[삶을 나눠요]

성경을 왜 배워야 하는지 서로 나눠 보십시오.

마음을 여는 글

미국의 16대 대통령인 링컨은 성경에 대해 이렇게 말했습니다. "이 큰 책에 대하여 말할 수 있는 것은 하나님께서 인간들에게 은혜로 주신 선물 중에 제일 귀중한 것이라는 사실입니다." 노리나 허츠는 그의 저서 『누가 내 생각을 움직이는가』(비즈니스 북스, 2014)라는 책에서 "방금 그 선택은 당신의 생각인가?"라고 질문하고, "내 생각과 선택의 주인은 과연 나일까?"라고 말합니다. 요한1서 2 : 16이 말하고 있듯이 세상에 있는 모든 것이 육신의 정욕과 안목의 정욕과 이생의 자랑인 곳에서 우리는 하나님의 말씀이 내 생각이 되어 나를 하나님의 사람으로 온전하게 해야 할 것입니다.

말씀 속으로

바벨론 포로에서 돌아온 이스라엘 백성들은 자신들이 포로로 끌려간 원인이 무엇인지 알기 원했고, 알게 되었습니다. 그 원인은 하나님의 말씀에 무지하고 불순종한 것이었습니다. 그들은 이런 불행이 반복되지 않기 원했습니다. 그래서 그들은 학사 에스라가 율법책을 가져다가 읽어 주고 가르쳐 주기를 원했습니다. 말씀 위에 믿음이 자라고, 삶이 세워져야 한다는 사실을 그들은 알았고 실천했습니다. 예수님이 마태복음 4 : 4에서 "사람이 떡으로만 살 것이 아니요 하나님의 입으로부터 나오는 모든 말씀으로 살 것이라" 하신 말씀대로 우리는 하나님의 말씀으로 사는 존재이고, 하나님의 말씀으로 살아야 하는 존재들입니다. 왜 하나님의 말씀을 배우고, 가르쳐야 할까요? 어떻게 하나님의 말씀을 배우고 가르쳐야 할까요?

우리가 하나님의 말씀을 배우고 가르치는 것은 하나님의 명령이며, 하나님의 말씀이 우리를 하나님의 자녀로 살아가게 하기 때문입니다. 말씀을 배우고 가르치라(신 6 : 6-7)는 말씀에 순종할 때 우리 안에서는 말씀의 역사가, 좌우에 날선 검보다 예리한 역사가 하나님의 자녀에게 합당하지 않은 것은 잘라내고(히 4 : 12), 하나님의 자녀에게 합당한 것을 남겨 두심으로 하나님의 사람으로 온전하게 하고 모든 선한 일을 행할 능력을 갖추게 하시는 것(딤후 3 : 17)입니다. 우리는 하나님의 말씀에 의해 살아가지 않으면 안 된다는 사실을 알아야 할 것입니다.

1. 오늘 나눈 말씀 가운데 특별히 가슴에 와닿은 구절이나 배움을 통하여 깨달은 점이나 느낀 점이 있다면 무엇입니까?
2. 말씀을 배우고 가르치는 일은 한순간도 게을리해서는 안 됩니다. 말씀을 배우고 가르치는 일을 하고 있는지, 하고 있다면 어디에서, 누구에게 하고 있습니까?

생활 속으로

성경 배우기에 실패하는 이유를 체크해 봅시다.

1. 성경을 배우고 가르치는 것에 대한 무리한 목표를 세우기 때문이다. ("매일 1시간씩 성경을 배운다"라고 목표를 세운다.)	O	X
2. 숫자 달성에 목표를 세우기 때문이다. (성경을 배우는 시간이 얼마나 제대로가 아니라 얼마나 많이로 목표를 세운다.)	O	X
3. 읽어도 뜻과 의미를 모르기 때문이다. (성경은 배경지식이 없으면 이해하기가 쉽지 않은데 이해가 안 되는데도 계속 붙들고 있기 때문이다.)	O	X
4. 읽는 것 자체가 어렵기 때문이다. (미디어시대이기 때문에 평소 읽는 것이 익숙하지 않으면 쉽지 않기 때문이다.)	O	X

시편으로 드리는 기도

시편 119 : 105

하나님, 주님의 말씀으로 나를 빛의 길로 이끌어 주시고, 세상의 그 어떤 유혹에도 흔들리지 않고, 오직 주의 말씀을 바라보고 믿음 안에서 살아가게 하옵소서. 아멘.

제38과 말씀과 삶

[오늘의 말씀 _ 마태복음 7 : 24~27]

그러므로 누구든지 나의 이 말을 듣고 행하는 자는 그 집을 반석 위에 지은 지혜로운 사람 같으리니 비가 내리고 창수가 나고 바람이 불어 그 집에 부딪치되 무너지지 아니하나니 이는 주추를 반석 위에 놓은 까닭이요 나의 이 말을 듣고 행하지 아니하는 자는 그 집을 모래 위에 지은 어리석은 사람 같으리니 비가 내리고 창수가 나고 바람이 불어 그 집에 부딪치매 무너져 그 무너짐이 심하니라

[찬송 _ 찬송가 204장(통 379장) 1절]

주의 말씀 듣고서 준행하는 자는 반석 위에 터 닦고 집을 지음 같아
비가 오고 물 나며 바람 부딪쳐도 반석 위에 세운 집 무너지지 않네
잘 짓고 잘 짓세 우리집 잘 짓세 만세 반석 위에다 우리집 잘 짓세

[삶을 나눠요]

말씀이 삶이 되는 것은 무엇인지 서로 나눠 보십시오.

마음을 여는 글

어떤 사람이 랍비를 찾아와서 말했습니다. "랍비여, 저는 토라(율법책)를 세 번 훑어보았습니다." 랍비가 웃으면서 그에게 말했습니다. "그렇다면 토라는 당신을 몇 번 훑었습니까?" 요즘식으로 이렇게 바꾸어 봅시다. "저는 성경을 세 번 읽었습니다." "그렇다면 성경은 당신을 몇 번 읽었습니까?" 내가 하나님의 말씀을 읽는 것도 중요하지만 그 말씀을 통해서 내 삶이 달라지는 것이 중요하다는 뜻입니다. 듣지도, 보지도, 말하지도 못하는 장애를 가진 헬렌 켈러 여사는 "성경에 밑줄을 긋지 말고 성경이 당신의 삶에 밑줄을 긋게 하라."고 말했습니다. 하나님의 말씀에 밑줄을 그었으면 그 말씀대로 살아서 내 삶에 말씀의 흔적이 남아야 합니다.

말씀 속으로

마태복음 5~7장은 예수님이 산에서 제자들에게 말씀을 가르쳐 주셨다 하여 산상수훈으로 불립니다. 예수님은 제자들에게 율법을 새롭게 해석해 주셔서 형식주의에 빠진 신앙에서 벗어나 하나님께서 율법을 주신 본래의 정신과 의미와 목적을 알려 주셨습니다. 예수님은 제자들에게 참된 복의 의미가 무엇인지, 기도는 어떻게 하는 것인지, 금식이 무엇인지, 구제의 의미가 무엇인지 그리고 하나님을 믿는 신앙이 무엇이고 믿음으로 사는 것이 무엇인지 구체적으로 알려 주셨습니다. 그리고 오늘 본문에서 주님의 말씀을 들은 사람은 어떻게 살고, 어떻게 믿어야 하는지 말씀하셨습니다.

주님의 말씀을 듣고 행하는 사람은 반석 위에 집을 지은 것과 같습니다

주님의 말씀을 잘 듣고 그대로 지키고 행하는 사람은 반석 위에 지은 집처럼 어떤 일에도 삶과 믿음이 흔들리지 않습니다. 하나님을 믿는 사람의 삶에도 여전히 크고 작은 문제와 어려움이 끊이지 않는 것이 현실입니다. 그러나 주님의 말씀을 마음에 새기고 그 말씀대로 사는 사람은 어떤 고난과 역경이 와도 삶과 믿음이 흔들리지 않습니다. 주님의 말씀을 붙들고 그 말씀대로 살면 주님께서 모든 일에 함께하시고 그 말씀대로 이루어 주시기 때문입니다.

주님의 말씀을 듣고도 행하지 않는 사람은 모래 위에 집을 지은 것과 같습니다

주님의 말씀을 듣고도 행하지 않는 사람은 모래 위에 지은 집처럼 작은 일에도 쉽게 흔들리고 넘어집니다. 비가 오고 바람이 불고 홍수가 나듯이 삶에 어려움과 문제가 생기면 삶과 믿음이 쉽게 흔들리고 넘어지게 됩니다. 그의 삶의 기준이 주님의 말씀에 있지 않기 때문에 무엇을 어떻게 해야 할지 모르기 때문입니다.

하나님께서는 우리가 주님의 말씀을 읽고 듣기만 하라고 주신 것이 아니라 그대로 행하고 지키라고 주신 것입니다. 시편 119 : 105에서 "주의 말씀은 내 발에 등이요 내 길에 빛이니이다"라고 고백한 것처럼, 주님의 말씀이 우리 삶의 앞길을 비춰 주고 평탄한 길로, 형통한 길로 인도해 줍니다.

1. 오늘 말씀 가운데 특별히 마음에 와닿는 구절이나 배움을 통해 깨달은 것, 혹은 느낀 점은 무엇입니까?
2. 주님의 말씀을 잘 듣고 그대로 지키기 위한 나만의 방법은 무엇입니까?

생활 속으로

내가 가장 좋아하고, 내게 힘이 되는 성경말씀 세 가지를 적어 봅시다.

1) ____

2) ____

3) ____

시편으로 드리는 기도

시편 1 : 1~3

하나님, 악인들의 꾀를 따라가지 않고, 죄인들이 가는 길로 가지 않고, 교만한 자들과 함께 어울리지 않고, 하나님의 말씀을 즐거워하며 밤낮으로 묵상하고 지키며 살아서 시냇가에 심은 나무처럼 하나님의 말씀의 은혜로 늘 강건하고 평안하며 풍성한 열매를 맺는 삶이 되게 하여 주옵소서. 아멘.

제39과 삶의 지표가 되는 말씀

[오늘의 말씀 _ 신명기 6 : 1~9]

…… 이스라엘아 들으라 우리 하나님 여호와는 오직 유일한 여호와이시니 너는 마음을 다하고 뜻을 다하고 힘을 다하여 네 하나님 여호와를 사랑하라 오늘 내가 네게 명하는 이 말씀을 너는 마음에 새기고 네 자녀에게 부지런히 가르치며 집에 앉았을 때에든지 길을 갈 때에든지 누워 있을 때에든지 일어날 때에든지 이 말씀을 강론할 것이며 너는 또 그것을 네 손목에 매어 기호를 삼으며 네 미간에 붙여 표로 삼고 또 네 집 문설주와 바깥 문에 기록할지니라

[찬송 _ 찬송가 200장(통 235) 1절]

달고 오묘한 그 말씀 생명의 말씀은 귀한 그 말씀 진실로 생명의 말씀이
나의 길과 믿음 밝히 보여 주니 아름답고 귀한 말씀 생명샘이로다 아름답고 귀한 말씀 생명샘이로다

[삶을 나눠요]

말씀이 삶의 지표가 된다는 것이 무엇인지 서로 나눠 보십시오.

마음을 여는 글

미국 워싱턴에 의회 도서관에는 에이브러햄 링컨 대통령이 애독하던 성경이 보관되어 있습니다. 그런데 그 성경에는 손때 묻은 자국이 있는데 여러 번 같은 곳을 손가락으로 눌러서 생긴 자국입니다. 그 말씀은 시편 34편 4절 "내가 여호와께 간구하매 내게 응답하시고 내 모든 두려움에서 나를 건지셨도다"입니다. 이는 링컨이 인생의 수많은 어려움 속에서도 하나님께서 반드시 기도에 응답해 주신다는 확신과 두려움에서 건져 주신다는 소망을 가지고 살았다는 것을 보여 줍니다. 그는 어렵고 두려울 때마다 성경에 손자국이 날 정도로 꾹꾹 눌러 가며 읽으면서 기도했고, 하나님의 말씀을 붙들고 하나님을 전적으로 신뢰하고 의지하는 믿음으로 살았습니다.

말씀 속으로

이스라엘 백성은 모세의 인도로 애굽에서 나온 후, 광야에서 사십 년간 살다가 가나안 땅 앞에 도착했습니다. 모세는 그 땅에 들어갈 수 없었기에 이스라엘 백성들이 그 땅에 들어가서 어떻게 하나님을 믿고 어떻게 살아야 할지 자세하게 알려 주었습니다. 오늘 본문은 '쉐마', 즉 '이스라엘아 들으라'로 시작하는 말씀으로 하나님께서 이스라엘 백성들에게 주신 가장 중요한 명령이었습니다.

이 말씀은 하나님 여호와께서 유일하신 하나님이라고 선언합니다. 가나안 땅에 있는 많은 우상들을 따라가고 섬기지 말며, 그들이 믿고 섬길 분은 그들을 애굽에서 구원하신 여호와 하나님 한 분뿐임을 날마다 고백하고 믿음을 지키라는 것입니다.

또한 하나님을 온 마음으로 사랑하라고 하였습니다. 그들을 애굽에서 구원하시고, 광야 생활에서 동행하시고, 젖과 꿀이 흐르는 땅을 주신 하나님을 마음을 다하고 뜻을 다하고 힘을 다해서 사랑하는 것이 믿음이라는 뜻입니다.

그리고 하나님의 말씀을 그들의 마음에 깊이 새기라고 하였습니다. 하나님의 말씀을 손목에 매고, 이마에 붙여서 어디를 가고 무엇을 하든지 항상 하나님의 말씀을 지키라고 하였습니다. 또한 집 문설주와 문지방에 붙여서 나갈 때나 들어올 때나 하나님의 말씀을 기억하고 그 말씀을 따라 살라는 것입니다.

가장 중요한 것은 하나님의 말씀을 그의 자녀들에게 부지런히 가르치는 것입니다. 하나님의 말씀과 하나님을 믿는 신앙이 그들에게서 끝나서는 안 되고 자녀들에게 대대로 이어져야 한다는 것입니다. 그들의 자녀들도 하나님을 믿고 하나님의 말씀을 따라 살아야 복을 받고 살 수 있기 때문입니다.

1. 오늘 말씀 가운데 특별히 마음에 와닿는 구절이나 배움을 통해 깨달은 것, 혹은 느낀 점은 무엇입니까?
2. 우리가 하나님께서 약속하신 복을 받고 우리 자녀들에게 신앙을 잘 물려주기 위해서 가장 힘써야 할 일은 무엇입니까?

생활 속으로

하나님의 말씀을 자녀들에게 어떻게 가르쳐야 할지 말해 봅시다.

시편으로 드리는 기도

시편 119 : 104

하나님, 내가 힘들고 지칠 때 하나님의 말씀으로 위로하시고, 앞이 보이지 않을 때 하나님의 말씀으로 가르치시고 깨우쳐 주셔서 바른길로 인도하여 주옵소서. 세상의 욕심과 정욕의 유혹에 빠지지 않고 하나님만 믿고 살아가게 하여 주옵소서. 아멘.

제40과 하나님께서 주신 나의 몸

[오늘의 말씀 _ 고전도전서 3 : 16~17]

너희는 너희가 하나님의 성전인 것과 하나님의 성령이 너희 안에 계시는 것을 알지 못하느냐 누구든지 하나님의 성전을 더럽히면 하나님이 그 사람을 멸하시리라 하나님의 성전은 거룩하니 너희도 그러하니라

[찬송 _ 찬송가 598장(통 244) 1, 5절]

천지 주관하는 주님 어디에나 계시니
사람 손이 지은 전에 어찌 계심 바랄까
이 터 위에 귀한 전을 튼튼하게 세우니
주를 믿는 형제자매 성전이라 하셨네

[삶을 나눠요]

1. 지난 한 주간의 삶 가운데 가장 감동적인 일을 서로 나눠 보십시오.
2. 지금까지 살면서 자신의 삶에 가장 큰 영향력을 끼친 사람은 누구인지 서로 나눠 보십시오.

마음을 여는 글

독일의 대문호 괴테는 아름다운 건축물을 감상하는 취미가 있었습니다. 괴테는 건축물을 세 가지 기준으로 평가했습니다. 1) 필요하고 올바른 장소에 지어졌는가? 2) 무너질 염려 없이 안전한가? 3) 지속적으로 관리되고 있는가?
오늘 본문은 우리에게 "너희가 하나님의 성전이다."라고 말합니다. 토머스 칼라일도 "우주에 성전이 하나뿐인데 그것은 인간의 몸이다. 인간의 몸에 손을 댈 때에 우리는 하늘을 만진다."라고 말했습니다. 그렇다면 나는 하나님께서 거하시는 성전으로서 거룩한 성전인지 점검해 봐야 하지 않을까요?
하나님의 성전으로서의 나의 몸은 주로 어디에 있는가? 무너질 염려 없이 안전하게 지어져 가는 삶인가? 하나님께서 지으신 성전의 목적대로 사용하고 있는가? 오늘은 하나님의 성전인 자신의 몸을 점검해 보는 시간을 가집시다.

말씀 속으로

성도는 하나님의 성전입니다

나의 몸은 하나님께서 주신 것입니다. 하나님을 영접한 성도는 하나님의 영이 거하시는 하나님의 성전입니다. 그러므로 예수님을 믿지 않는 사람들의 몸과는 분명히 구별되어야 합니다. 하나님의 영, 즉 성령님이 거하시는 몸이라면 그 몸으로 하는 모든 것이 구별되어야 합니다. 왜냐하면 그리스도 안에 있는 우리는 새로운 피조물이 되었기 때문입니다. 하나님의 성전이기에 하나님의 뜻에 합당한 삶을 살아야 합니다. 내 몸이지만 하나님의 소유이기에 내 마음대로 하면 안 됩니다. 나의 생각과 말과 행동이 성결해야 합니다. 그러므로 우리는 성령의 아홉 가지 열매를 맺는 삶을 목표로 하여 성결한 삶을 살아야 합니다.

하나님의 성전으로서의 성도는 자신의 삶을 더럽히면 안 됩니다

역대하 29 : 5에서는 "그들에게 이르되 레위 사람들아 내 말을 들으라 이제 너희는 성결하게 하고 또 너희 조상들의 하나님 여호와의 전을 성결하게 하여 그 더러운 것을 성소에서 없애라"고 했습니다. 하나님께서 거룩하신 분이기 때문에 더러운 것은 철저하게 없애고 성결한 것으로 채워야 합니다(레 11 : 45). 오늘의 말씀에 "누구든지 하나님의 성전을 더럽히면 하나님이 그 사람을 멸하시리라"(17절)라고 말하고 있습니다. 십자가에 못을 박는 자들을 향하여도 용서해 달라고 하셨던 예수님이셨지만 성전을 더럽히는 일에 대해서는 화를 내셨습니다. 일명, '성전정화 사건'이라 일컫습니다. 그러므로 성령님이 거하시는 성전인 나의 몸을 죄를 짓는 도구로 사용하면 안 됩니다.

1. 하나님의 성전으로 살기 위해 어떻게 힘쓰며 노력하고 있는지 나눠 봅시다.

생활 속으로

오늘 나의 몸이 하나님의 성전임을 확실하게 알았습니다. 거룩하고 성결해야 할 하나님의 성전인 나의 몸이 아직도 더럽다면 정화되어야 할 내용을 적어 봅시다.

1) 교회 생활에서　　2) 가정 생활에서　　3) 사회 생활에서

시편으로 드리는 기도

시편 51 : 5~12

하나님, 죄악 중에 출생한 우리를 우슬초로 정결하게 하시어 거룩한 하나님의 성전을 삼아 주심을 감사합니다. 내 속에 정한 마음을 창조하시고 내 안에 정직한 영을 새롭게 하소서. 내 안에 거하시는 성령을 거두지 마시고, 거룩한 하나님의 성전으로 살아가게 해 주옵소서. 아멘.

제41과 하나님의 자녀

[오늘의 말씀 _ 로마서 3 : 23~27]

모든 사람이 죄를 범하였으매 하나님의 영광에 이르지 못하더니 그리스도 예수 안에 있는 속량으로 말미암아 하나님의 은혜로 값 없이 의롭다 하심을 얻은 자 되었느니라 이 예수를 하나님이 그의 피로써 믿음으로 말미암는 화목제물로 세우셨으니…… 자기도 의로우시며 또한 예수 믿는 자를 의롭다 하려 하심이라 그런즉 자랑할 데가 어디냐 있을 수가 없느니라 무슨 법으로냐 행위로냐 아니라 오직 믿음의 법으로니라

[찬송 _ 찬송가 304장(통 404장) 1절]

그 크신 하나님의 사랑 말로다 형용 못하네 저 높고 높은 별을 넘어 이 낮고 낮은 땅 위에
죄 범한 영혼 구하려 그 아들 보내사 화목제물 삼으시고 죄 용서하셨네
하나님 크신 사랑은 측량 다 못하네 영원히 변치 않는 사랑 성도여 찬양하세

[삶을 나눠요]

하루를 살아가면서 내가 가장 많이 하는 생각이 무엇인지 서로 나눠 보십시오.

마음을 여는 글

조선시대 최고의 실학자 정약용 선생은『중용』에서 인생에서 느낄 수 있는 8가지 진미를 다음과 같이 꼽았습니다. 1) 재료를 제대로 느낄 수 있는 음식의 맛, 2) 삶의 의미를 찾을 수 있는 직업의 맛, 3) 진정으로 즐길 수 있는 풍류의 맛, 4) 기쁨을 위해 만나는 관계의 맛, 5) 남을 위해 봉사하는 행복을 느끼는 봉사의 맛, 6) 무언가를 배우며 성장하는 학습의 맛, 7) 정신과 육체가 균형을 이루는 건강의 맛, 8) 자신의 존재를 제대로 이해하는 인간의 맛입니다. 정약용 선생은 8가지 중에서 가장 중요한 것이 여덟 번째 '인간미'라고 표현했습니다. 이처럼 인간의 존재를 이해하는 것이 사람답게 사는 데 가장 중요한 일입니다. 그런데 하나님을 알지 않고는 이 일을 완성할 수 없습니다. 우리는 하나님을 믿는 믿음을 통해서 영생을 얻은 자로 살아가고 있음을 고백합니다. 그렇다면 과연 나의 믿음이 진정 올바른 과정을 거쳤는가? 나는 믿음의 맛을 내는 성도인가를 확인해야 합니다.

말씀 속으로

우리는 오직 믿음으로 구원받은 하나님의 자녀가 되었습니다. 죄인이 의인이 되었습니다. 영원한 멸망에서 영생을 얻은 자가 되었습니다. 지옥에 갈 사람이 천국에 가게 되었습니다. 엄청난 신분의 변화가 있는 나는 하나님의 자녀가 확실한가를 확인해 봐야 하지 않을까요?

하나님의 자녀가 되려면 죄에서 의로움으로의 변화가 있어야 합니다

로마서 3 : 23에서 "모든 사람이 죄를 범하였으매 하나님의 영광에 이르지 못하더니" 이것은 하나님의 자녀가 되기 이전에 모습입니다. 그러나 이제는 어떻게 되었습니까? "그리스도 예수 안에 있는 속량으로 말미암아 하나님의 은혜로 값 없이 의롭다 하심을 얻은 자 되었느니라"(24절). 율법만 있을 때는 모두가 죄인이고 죽음뿐인 것으로 보였지만 이제 율법의 완성자로 오신 예수 그리스도의 의가 나타남으로써 이제는 생명이요, 구원입니다. 이제는 율법 외에 한 '의'가 나타났습니다. 이 의는 '예수 그리스도를 믿는 믿음으로 나타나는 하나님의 의'입니다.

하나님의 자녀가 되려면 징벌에서 영광으로의 변화가 있습니다

죄는 반드시 죄 값을 치러야 합니다. 성경에서 '죄의 삯은 사망이요'(롬 6 : 23)라고 했습니다. 예수 그리스도가 죄 값을 지불해 주심으로 말미암아 우리는 사망에서 영생을 얻어 영광의 자리에 이르게 되었습니다.

이것은 예수님을 믿는 믿음으로 성취됩니다. 우리가 하나님의 자녀됨을 통해 얻는 엄청난 구원의 복을 받게 된 것은 자랑할 수 없습니다. 왜냐하면 하나님의 은혜로 되었기 때문입니다(27절).

한 가지 분명히 잊지 말아야 것은 하나님의 은혜로 하나님의 자녀가 된 우리는 하나님의 자녀답게 살아야 합니다.

1. 하나님의 자녀가 된 자로서의 삶, 하나님의 자녀답게 살고 있는가를 냉철하게 살펴 봅시다.

생활 속으로

하나님의 자녀로서의 변화된 모습과 아직도 변화가 필요한 것이 있다면 어떤 것인지를 확인해 보고 적어 봅시다.

시편으로 드리는 기도

시편 124 : 5~8

하나님, 우리를 죄 가운데에서 불러내어 의인이 되게 하심을 찬양합니다. 우리의 영혼이 사냥꾼의 올무에서 벗어나 의롭다 칭함을 받아 하나님의 자녀로 삼으심을 감사합니다. 아멘.

제42과 좋은 친구

[오늘의 말씀 _ 사도행전 9 : 26~27]

사울이 예루살렘에 가서 제자들을 사귀고자 하나 다 두려워하여 그가 제자 됨을 믿지 아니하니 바나바가 데리고 사도들에게 가서 그가 길에서 어떻게 주를 보았는지와 주께서 그에게 말씀하신 일과 다메섹에서 그가 어떻게 예수의 이름으로 담대히 말하였는지를 전하니라

[찬송 _ 찬송가 221장(통 525장) 1절]

주 믿는 형제들 사랑의 사귐은 천국의 교제 같으니 참 좋은 친교라

[삶을 나눠요]

좋은 친구 관계란 무엇인지 서로 나눠 보십시오.

마음을 여는 글

영국의 소아과 의사이자 정신분석가인 도널드 위니컷은 산모가 갓 태어난 아기에게 젖을 먹이는 일보다 훨씬 더 중요한 것이 있다고 강조했습니다. 그것은 다름 아닌 '안아 주기'입니다. 새로운 세상에 처음 태어난 아기는 극도의 불안과 공포를 가지고 있기에, 평안을 주기 위한 최초의 방법은 엄마의 '안아 주기'라는 것입니다. 우리가 출생 당시를 기억하지는 못하지만 저마다 자신을 안아 준 대상과의 경험이 있었기에 인생에서 처음 겪는 불안과 공포를 극복할 수 있었습니다. 누군가의 안아 줌이 없이 스스로 안정감을 누릴 수 있는 사람은 아무도 없다는 것입니다.

말씀 속으로

신뢰받는 지도자 바나바

다메섹으로 가는 길에서 예수님을 만난 사울이 예루살렘으로 돌아왔을 때 예루살렘 교회는 누구도 사울을 영접하려하지 않았습니다. 사울이 교회를 핍박하던 인물이었기 때문입니다. 이때, 예루살렘 교회의 지도자 바나바가 등장합니다. 바나바는 회심한 사울을 친절히 안내해 주고 교회 지도자들에게 소개하며, 정성을 다하여 그를 품고자 노력했습니다. 이후에 사울이 다소로 낙향하며 오랜 세월 동안 은둔의 삶을 살고 있을 때, 그를 찾아가 함께 일하도록 이끌어 준 사람도 바나바였습니다.

"친구는 사랑이 끊어지지 아니하고 형제는 위급한 때를 위하여 났느니라"(잠 17 : 17)라는 말씀처럼 바나바는 자신의 위험을 감수하면서까지 사울을 진정성 있게 변호해 주었습니다. "말 한 마디에 천 냥 빚을 갚는다"는 속담처럼 바나바의 용기 있고 확신에 찬 변호는 사울을 사도 바울이 되게 한 결정적인 좋은 말이 되었습니다. 결국 제자들은 사울을 의심했지만, 그를 데리고 온 사람이 바나바였기에 바나바를 믿고 사울을 한 형제로 받아들입니다. 바나바가 보증수표가 된 셈입니다.

권면과 위로의 사람 바나바

바나바의 이름은 권위자(勸慰子)입니다. 말 그대로 '권면과 위로의 사람'이라는 뜻입니다. 그 이름을 누가 붙여 주었을까요? 평상시 바나바의 행실을 지켜 본 예수님의 제자들이었습니다.

만약, 당시 바나바가 사울을 제자들에게 데려가 적극적으로 변호하지 않았더라면 사도행전은 베드로가 선교의 구심점이 된 12장으로 끝났을지도 모를 일입니다. 사도 바울의 이름에 비해 바나바는 눈에 띄는 이름은 아니지만 사울이 바울이 되도록 이끌어 준 큰 인물임에 틀림없습니다. 바나바는 자신보다 바울을 빛나게 한 지도자요. 오늘 이 시대에 절실하게 필요한 권면과 위로의 사람입니다.

1. 오늘 나눈 말씀 가운데 특별히 마음에 와닿은 구절이나 배움을 통하여 깨달은 점이나 느낀 점이 있다면 무엇입니까?
2. 바나바처럼 좋은 친구가 되기 위해서 갖추어야 할 것은 무엇입니까?

생활 속으로

1. 내 인생에 가장 소중한 친구가 있다면 누구인지, 무엇 때문인지 이야기해 봅시다.
2. 바나바처럼 내가 다가가서 변호해 주고 위로해 주어야 할 사람은 누구인지 이야기해 봅시다.

시편으로 드리는 기도

시편 122 : 8

하나님, 친구와 형제를 위하여 좋은 말을 건네며, 서로에게 하나님의 평안을 구하는 좋은 친구 관계를 주옵소서. 아멘.

제43과 믿음의 동반자

[오늘의 말씀 _ 마가복음 2 : 1~12]

…… 사람들이 한 중풍병자를 네 사람에게 메워 가지고 예수께로 올새 무리들 때문에 예수께 데려갈 수 없으므로 그 계신 곳의 지붕을 뜯어 구멍을 내고 중풍병자가 누운 상을 달아 내리니 예수께서 그들의 믿음을 보시고 중풍병자에게 이르시되 작은 자야 네 죄 사함을 받았느니라 하시니…… 그러나 인자가 땅에서 죄를 사하는 권세가 있는 줄을 너희로 알게 하려 하노라 하시고 중풍병자에게 말씀하시되 내가 네게 이르노니 일어나 네 상을 가지고 집으로 가라 하시니 그가 일어나 곧 상을 가지고 모든 사람 앞에서 나가거늘 그들이 다 놀라 하나님께 영광을 돌리며 이르되 우리가 이런 일을 도무지 보지 못하였다 하더라

[찬송 _ 찬송가 220장(통 278장) 1절]

사랑하는 주님 앞에 형제자매 한자리에 크신 은혜 생각하며 즐거운 찬송 부르네
내 주 예수 본을 받아 모든 사람 내 몸 같이 환난 근심 위로하고 진심으로 사랑하세

[삶을 나눠요]

내 삶에 믿음의 동반자로 소개할 사람이 있다면 누구인지 서로 나눠 보십시오.

마음을 여는 글

공감(empathy)이라는 말과 동감(sympathy)이라는 말이 있습니다. 비슷한 듯 보이나 그 의미는 서로 다릅니다. 헬라어로 '~pathy' 는 'pathos'를 의미하는데 여기서 파생된 영어 단어가 'passion'입니다. 이 단어의 본래의 뜻은 '고통'입니다. 고통을 뜻하는 단어 'pathy' 앞에 'em~'을 붙이면 공감이 되고, 'sym~'을 붙이면 동감이 됩니다. 공감이 '고통 안으로' 들어가는 것이라면, 동감은 '고통을 느끼는 것'입니다. 동반자가 된다는 것은 '고통을 느끼는' 동감의 수준을 넘어 '고통 안으로' 들어가는 공감에 이르는 것을 의미합니다.

말씀 속으로

용기 있는 친구들의 믿음

예수님이 가르치시고 병을 고치는 곳마다 많은 무리들이 따랐는데, 이날도 많은 무리들로 예수님이 계신 곳의 문 앞까지 들어설 자리가 없는 상황이었습니다. 이때, 한 중풍병자를 네 사람이 데리고 예수님에게 왔습니다.

네 명의 친구들은 중풍병자에 대해 안타까워하는 한 마음이 되어 이 아픈 사람의 문제를 해결해 주고 싶었습니다. 그들은 예수님에 대한 소문을 들었고 예수님에게 희망을 걸었습니다. 그런데 와서 보니 상황이 그다지 썩 좋지 않았습니다. "안 되겠다. 돌아가자. 이런다고 되겠나?" 하는 귀찮은 마음이 생겼을 수도 있습니다. 하지만 그들의 절박함과 의지는 더 강렬했습니다.

행함이 있는 친구들의 믿음

네 명의 친구들의 절박함과 의지는 예수님께 중풍병자를 데리고 온 뜨거운 마음과 무리들의 배제의 장벽에도 불구하고 포기하지 않고 지붕을 뚫는 행위로 표현됩니다. 그들은 지붕을 뚫기 위해서 집 위로 올라가서 흙으로 된 지붕을 걷어 내고 중풍병에 걸린 친구가 누운 침상을 예수님 앞으로 내렸습니다. 예수님은 그들의 믿음을 보시고 중풍병자를 고쳐 주셨습니다. 위험하고 고된 수고를 감당해야 하는 일이요 집주인의 비난과 지붕 수리 비용을 배상할 각오가 없이는 할 수 없는 일이었습니다.

하지만 친구들은 중풍병에 걸린 친구를 치료하기 위해 비난도 경제적 손실도 감수할 각오가 되어 있을 만큼 친구를 사랑했고, 그의 건강의 회복을 가장 중요한 가치로 여겼으며, 예수님이 고치실 수 있다는 믿음도 있었습니다. 상식을 뛰어 넘는 사랑과 믿음, 진심으로 동반자가 된 친구들의 믿음은 행함이 있는 믿음입니다.

1. 오늘 나눈 말씀 가운데 특별히 마음에 와닿은 구절이나 배움을 통하여 깨달은 점이나 느낀 점이 있다면 무엇입니까?
2. 중풍병에 걸린 친구를 예수님에게 데려온 친구들을 통해 배우는 믿음의 동반자의 의미는 무엇입니까?

생활 속으로

1. 나의 친구들에게 믿음의 동반자가 되기 위해 필요한 것은 무엇인가요?
2. 행함이 있는 믿음으로 친구를 고친 것처럼, 내게 필요한 행함이 있는 믿음은 무엇일까요?

시편으로 드리는 기도

시편 133 : 1

하나님, 형제가 연합하여 동거함이 선하고 아름답다고 하심 같이, 나와 친구들이 마음을 열어 서로를 돌보며 세워 주는 믿음의 동반자가 되게 하여 주옵소서. 아멘.

제44과 종교개혁

[오늘의 말씀 _ 열왕기하 23 : 24~25]

요시야가 또 유다 땅과 예루살렘에 보이는 신접한 자와 점쟁이와 드라빔과 우상과 모든 가증한 것을 다 제거하였으니 이는 대제사장 힐기야가 여호와의 성전에서 발견한 책에 기록된 율법의 말씀을 이루려 함이라 요시야와 같이 마음을 다하며 뜻을 다하며 힘을 다하여 모세의 모든 율법을 따라 여호와께로 돌이킨 왕은 요시야 전에도 없었고 후에도 그와 같은 자가 없었더라

[찬송 _ 찬송가 218장(통 369장) 1절]

네 맘과 정성을 다하여서 주 너의 하나님을 사랑하라
네 몸을 아끼고 사랑하듯 형제와 이웃을 사랑하라
주께서 우리게 명하시니 그 명령 따라서 살아가리

[삶을 나눠요]

지난 한 주간 동안 가장 잘했다고 생각하는 일이 무엇인지 서로 나눠 보십시오.

마음을 여는 글

"하와이 카우아이섬 종단연구"는 사회과학 역사상 야심찬 프로젝트 중 하나로 꼽힙니다. 연구 방식은 주민 대다수가 알코올 중독자 또는 정신질환자였던 이 섬에서 출생한 신생아 833명의 일생을 추적 조사하는 것이었습니다. 연구 결과는 불행한 환경에서 자라나면 불행한 인생을 살기 쉽다는 일반적인 통계와 다를 바가 없었습니다. 그런데, 심리학자 에미 워너는 뜻밖의 사실을 하나 발견합니다. 최악의 환경에서 자란 201명 중 72명이 문제 있는 삶을 살아가지 않고 바르게 잘 자라났다는 것입니다. 에미 워너는 이들이 역경을 이겨 낼 수 있었던 공통점을 발견합니다. 그것은 바로 그들 주변에 그들을 무조건 믿어 주고 지지해 준 사람이 있었다는 것입니다. 끊임없는 신뢰와 사랑을 받으면서 삶의 어떠한 역경에도 굴하지 않는 강인한 원동력을 얻게 된 것입니다. 에미 워너는 이 힘을 '회복탄력성'이라고 명명하였습니다.

말씀 속으로

남유다 왕국의 제16대 왕인 요시야는 8세 때 즉위하여 31년 동안 다스린 선한 왕입니다. 그는 태어나기 300년 전에 북이스라엘의 악한 왕 여로보암으로부터 그 탄생이 예고되었고, 남유다 왕국의 종교개혁을 일으킨 중요한 왕입니다(왕상 13 : 2). 요시야 왕은 26세가 되던 해에 성전 수리를 명하였습니다. 그때, 대제사장 힐기야는 성전을 수리하던 중에 율법책을 발견하고 서기관 사반을 통해 요시야에게 전달합니다.

성전을 수리하다가 율법책을 발견하였다는 것은 당시 유다의 모습을 적나라하게 보여 줍니다. 그동안 대제사장조차 율법책을 보지 못했고 찾지도 않았다는 뜻이기 때문입니다. 지금으로 말하자면 목사님 가정이 이사를 하다가 성경을 처음 발견했다는 말과도 같습니다. 말씀과 전혀 관계없는 삶을 살았던 시대였다는 것을 알 수 있습니다.

하나님의 말씀이 선포될 때 사람들은 둘 중 하나의 반응을 보입니다. 회개하거나 도리어 더 강퍅해지는 것입니다. 요시야는 하나님의 말씀이 선포되었을 때 회개의 반응을 보인 사람이었습니다. 율법책의 말씀을 듣고 옷을 찢은 요시야는 회개했습니다. 그리고 백성들에게 하나님의 말씀을 전하고, 모든 우상들을 제거하며 종교개혁을 일으켰습니다. 말씀을 통해 회복과 개혁의 힘을 얻게 된 것입니다.

우리는 하나님의 말씀을 들을 때 어떻게 반응하고 있습니까? 요시야처럼 옷을 찢고 통곡하며 겸비해지고 있습니까? 아니면 그 말씀에 귀를 막고 있습니까? 요시야는 누구보다 믿음이 좋은 왕이었고, 성전을 위하여 수고하고 헌신하며 인정받을 만한 왕이었지만, 그도 말씀 앞에서는 자신이 진노받을 자라는 것을 발견하고 회개했습니다.

우리도 요시야 왕과 같이 하나님의 말씀을 들을 때 말씀에 귀를 기울이고 회개함으로 새롭게되는 삶의 개혁을 경험해야 할 것입니다.

1. 오늘 나눈 말씀 가운데 특별히 마음에 와닿은 구절이나 배움을 통하여 깨달은 점이나 느낀 점이 있다면 무엇입니까?
2. 요시야가 종교개혁을 통해 나라와 민족의 신앙을 회복시킨 원동력은 무엇입니까?

생활 속으로

현재 내 삶의 개혁을 위해 필요한 것이 무엇인지 이야기해 봅시다.

시편으로 드리는 기도

시편 119 : 1~5

하나님, 우리가 말씀으로 온전해지며 하나님의 법을 따라 살게 하심으로 날마다 하나님을 찾게 하소서! 불의를 멀리하게 하시고, 주의 법을 더욱 사랑하게 하사 하나님의 풍성한 은혜로 살게 하옵소서. 아멘.

제45과 궁휼의 마음

[오늘의 말씀 _ 마가복음 8 : 1~10]

그 무렵에 또 큰 무리가 있어 먹을 것이 없는지라 예수께서 제자들을 불러 이르시되 내가 무리를 불쌍히 여기노라 그들이 나와 함께 있은 지 이미 사흘이 지났으나 먹을 것이 없도다 만일 내가 그들을 굶겨 집으로 보내면 길에서 기진하리라 그중에는 멀리서 온 사람들도 있느니라…… 예수께서 무리를 명하여 땅에 앉게 하시고 떡 일곱 개를 가지사 축사하시고 떼어 제자들에게 주어 나누어 주게 하시니 제자들이 무리에게 나누어 주더라 또 작은 생선 두어 마리가 있는지라 이에 축복하시고 명하사 이것도 나누어 주게 하시니 배불리 먹고 남은 조각 일곱 광주리를 거두었으며 사람은 약 사천 명이었더라……

[찬송 _ 찬송가 218장(통 369장) 1절]

네 맘과 정성을 다하여서 주 너의 하나님을 사랑하라 네 몸을 아끼고 사랑하듯 형제와 이웃을 사랑하라
주께서 우리게 명하시니 그 명령 따라서 살아가리

[삶을 나눠요]

한 주간 동안 내가 만났던 사람들에게 가진 것을 나누어 준 일에 대해 서로 나눠 보십시오.

마음을 여는 글

'긍휼'은 한자로 '矜'(불쌍히 여길 긍) '恤'(구휼할 휼)로 뜻은 불쌍히 여겨 돌보아 줌을 의미합니다. 긍휼이라는 단어의 유래는 '함께 느끼다', 곧 '타인의 감정을 느끼다'라는 라틴어 'compassio'에서 유래되었습니다. 긍휼과 비슷한 단어로 '자비'(mercy)가 있습니다. 가톨릭 사제면서 존경받는 영성가인 헨리 나우웬은 긍휼에 대해 이렇게 말합니다. "긍휼은 특권적인 위치에서 허리만 구부려 소외된 자들에게 향하는 것이 아니다. 높은 곳에서 낮은 곳에 있는 좀 더 불운한 자들에게 손을 뻗치는 것이 아니다. 상향성의 삶을 성취하지 못한 사람들에게 동정어린 태도를 취하는 것이 아니다. 긍휼은 직접 그 사람들에게로 다가가 고난이 가장 극심한 곳으로 들어가 거기에 자리를 잡는 것이다."

말씀 속으로

긍휼의 마음을 가지신 예수 그리스도

예수님이 오신다는 소식이 전해지자 많은 사람들이 몰려왔습니다. 그들은 예수님 곁에서 열심히 말씀을 듣고 배웠고, 사흘이 지나도 주님 곁에서 떠날 줄을 몰랐습니다. 예수님은 무리들이 굶주린 것을 보시고 그들을 불쌍히 여기셨습니다. 주님이 긍휼의 마음을 가지신 것입니다.

긍휼의 마음으로 기적을 행하신 예수 그리스도

예수님은 제자들에게 "떡이 몇 개나 있느냐"라고 물으셨고, 제자들은 "일곱 개가 있습니다."라고 대답했습니다. 예수님은 무리를 땅에 모두 앉게 하신 후에 떡 일곱 개를 가지고 하늘을 향해 기도하셨습니다. 그리고 제자들에게 나누어 주라 말씀하셨습니다. 그리고 이어서 작은 생선 두어 마리가 있는 것을 보시고 또다시 기도하신 후에 나누어 주게 하셨습니다. 그러자 놀라운 일이 일어났습니다. 서로 나누고 나누어도 떡과 물고기가 줄어들지 않았던 것입니다. 그 시간은 함께한 모든 사람들이 하나님 나라의 잔치를 경험하는 시간이었습니다. 한 사람…, 열 사람…, 백 사람…, 끊임없이 생겨나는 떡과 물고기를 나누어 주면서 제자들과 사람들은 얼마나 놀라고 얼마나 예수님께 감사했던 시간이었을까요?

많은 사람들이 배불리 먹고 남은 조각은 일곱 광주리였고, 배불리 먹은 사람들은 4천 명이 넘었습니다. 긍휼의 마음으로 기적을 행하신 예수 그리스도! 주님은 오늘 우리의 삶의 현장에도 함께하시는 임마누엘 주님입니다.

1. 예수님의 긍휼의 마음을 몰랐던 제자들처럼 살았던 내 모습을 생각해 봅시다.

생활 속으로

긍휼없는 이 세상의 한가운데서 긍휼어린 하나님의 임재를 더욱 깊이 인식하면서 긍휼의 마음을 어떻게 실천할 수 있을지 구체적으로 적어 봅시다.

시편으로 드리는 기도

시편 37 : 3

하나님, 주를 의지하며 날마다 선을 행하는 자로 살아가게 하옵소서. 예수님처럼 긍휼히 여기는 마음이 풍성하게 하시고, 사람들이 저로 인해 선한 하나님의 기적을 경험하게 하옵소서. 아멘.

제46과 우리는 세상의 빛

[오늘의 말씀 _ 마태복음 5 : 14~16]

너희는 세상의 빛이라 산 위에 있는 동네가 숨겨지지 못할 것이요 사람이 등불을 켜서 말 아래에 두지 아니하고 등경 위에 두나니 이러므로 집 안 모든 사람에게 비치느니라 이같이 너희 빛이 사람 앞에 비치게 하여 그들로 너희 착한 행실을 보고 하늘에 계신 너희 아버지께 영광을 돌리게 하라

[찬송 _ 찬송가 502장(통 259장) 1절]

빛의 사자들이여 어서 가서 어둠을 물리치고 주의 진리 모르는 백성에게 복음의 빛 비춰라
빛의 사자들이여 복음의 빛 비춰라 죄로 어둔 밤 밝게 비춰라 빛의 사자들이여

[삶을 나눠요]

한 주간 동안 사람들이 나로 인해 기뻐했던 것, 고마워했던 것은 무엇인지 서로 나눠 보십시오.

마음을 여는 글

어느 날 한 맹인이 등불을 들고 밤길을 나섰습니다. 자신은 비록 불빛을 보지 못하지만 다른 사람들이 자신이 들고 있는 등불의 빛을 보고 부딪치지 말라는 것이었습니다. 그런데 한참을 가다가 어떤 사람과 그만 부딪치고 말았습니다. 넘어진 맹인은 화를 내면서 "당신은 눈도 없소? 나는 맹인이라 앞을 못 보지만 당신은 내가 들고 있는 이 등불도 보지 못한 거요?" 하면서 소리쳤습니다. 그러자 부딪친 사람이 말했습니다. "무슨 말씀이세요. 나는 아무 빛도 보지 못했어요. 당신이 들고 있는 등불은 꺼져 있었다고요."

등불을 들고는 있지만 이미 꺼진 줄 모르고 들고 다니면 아무 소용이 없습니다. 혹시 이 세상도 빛이 꺼진 것도 모르고 사는 우리 때문에 점점 더 어두워지는 것은 아닐까요?

말씀 속으로

우리는 세상의 빛입니다

예수님은 구름처럼 몰려온 사람들을 향하여 말씀하셨습니다. "너희는 세상의 빛이다. 저기 산 위에 있는 동네는 숨겨지지 않고 어디서든 다 보인다. 그리고 밤에 켜는 등불도 생각해 보아라. 등불을 켜서 말 아래에 둔다면(되로 덮어 둔다면) 집 안 전체가 환할 수가 없으니까 등경(등잔을 걸어 놓는 기구) 위에 두어 집 안에 있는 모든 사람들이 환하게 빛을 보게 하지 않느냐? 너희는 세상의 빛이다." 이 말씀은 하나님의 자녀들이 세상에 나아가 산 위에 동네처럼 환히 비추는 빛으로 살아가고, 등경 위에 놓여 있는 등불처럼 모든 사람들이 빛을 보게 하는 자들로 살아가라고 당부하시는 것입니다.

우리의 착한 행실은 하나님의 영광이 됩니다

예수님은 "그들로 너희 착한 행실을 보고 하늘에 계신 너희 아버지께 영광을 돌리게 하라"(16절) 말씀하셨습니다. 그리스도인들의 행동은 가정, 세상, 직장, 사회에서 산 위의 동네처럼, 등경 위에 놓인 등불처럼 다 드러나게 됩니다. 그러므로 그리스도인의 행동은 그대로 하나님을 증거하고 보여 주게 됩니다.

우리가 정의롭게 행동하면 세상 사람들은 하나님의 정의를 보게 될 것입니다. 우리가 서로 사랑하면 세상 사람들은 하나님의 사랑을 보게 될 것입니다. 그러므로 그리스도인들의 착한 행실은 그대로 세상의 빛이 되어 이 빛을 본 사람들이 자연스럽게 하나님께 영광을 돌리게 되는 것입니다.

1. 한 해를 살면서 세상의 빛으로 살지 못했던 나의 모습을 돌아보고 생각해 봅시다.

생활 속으로

'세상의 빛'으로 살아가기 위해 우리에게 필요한 착한 행실은 무엇일지 생각하고 나눠 보십시오.

시편으로 드리는 기도

시편 37 : 4~5

하나님, 나의 길을 주께 맡깁니다. 세상의 빛으로 살아가는 나의 착한 행실로 인하여 사람들이 예수 그리스도의 빛을 보게 하시고 하나님께 영광을 돌리는 은혜를 주옵소서. 아멘.

제47과 추수감사주일 : 감사하는 신앙

[오늘의 말씀 _ 신명기 26 : 1~11]

네 하나님 여호와께서 네게 기업으로 주어 차지하게 하실 땅에 네가 들어가서 거기에 거주할 때에 네 하나님 여호와께서 네게 주신 땅에서 그 토지의 모든 소산의 맏물을 거둔 후에 그것을 가져다가 광주리에 담고 네 하나님 여호와께서 그의 이름을 두시려고 택하신 곳으로 그것을 가지고 가서 그 때의 제사장에게 나아가 그에게 이르기를 내가 오늘 당신의 하나님 여호와께 아뢰나이다…… 네 하나님 여호와께서 너와 네 집에 주신 모든 복으로 말미암아 너는 레위인과 너희 가운데에 거류하는 객과 함께 즐거워할지니라

[찬송 _ 찬송가 429장(통 489장) 1절]

세상 모든 풍파 너를 흔들어 약한 마음 낙심하게 될 때에
내려 주신 주의 복을 세어라 주의 크신 복을 네가 알리라
받은 복을 세어 보아라 크신 복을 네가 알리라 받은 복을 세어 보아라 주의 크신 복을 네가 알리라

[삶을 나눠요]

지금까지 살면서 하나님께서 내게 주신 복이 무엇인지 서로 나눠 보십시오.

마음을 여는 글

천재들의 대부분은 메모광이었다고 합니다. 시대를 선도하며 성공한 사람들 역시 메모 습관을 가지고 있었습니다. 전문가들은 "창의력과 기억력을 돕기 위해 메모를 하지만, 사실은 메모를 할수록 뇌가 자극을 받고 활성화되는 효과가 있다."고 주장합니다. 『히든 챔피언』이라는 책으로 유명한 헤르만 지몬 역시 "많은 아이디어는 당장 사용할 수 없을 때에 떠오른다. 그것들을 적어 두어야만 활용할 수 있다."라고 메모의 중요성을 강조합니다. 이런 말도 있습니다. "또렷한 기억보다 희미한 잉크가 낫다." 잊지 말아야 할 일은 어떻게든 기억해야 합니다.

말씀 속으로

사람들은 흔히 삶의 평안과 물질의 풍요로움을 누리게 되면 과거의 어려움을 잊어버리는 실수를 범하게 됩니다. 그래서 우리 속담 가운데 "개구리가 올챙이 시절을 기억하지 못한다."는 말이 있는 것 같습니다. 때로는 갑자기 부자가 되어 거들먹거리는 사람들을 가리켜 "졸부 정신에서 못 벗어났다."는 평가를 하기도 합니다. 갑자기 생긴 물질에 맞게 그 인격이 따라오지 못한다는 것입니다. 우리는 이렇게 종종 자신의 과거를 기억하지 못하고 미련한 삶을 삽니다.

오늘 본문은 하나님께서 약속하신 가나안 땅에 들어가서 농사를 짓고 살면서 풍요를 경험하게 될 때 반드시 하나님의 은혜를 잊지 말라는 것입니다. 자신들의 신분과 과거의 형편이 어땠는지 늘 기억하고, 어떻게 해서 오늘의 소득과 풍요를 얻게 되었는지 기억하라는 것입니다. 이스라엘 백성들은 당시 최고의 강대국 이집트에서 노예로 살았습니다. 이스라엘 백성들은 너무 힘들고 괴로워서 하나님께 부르짖었습니다. 하나님께서는 그들의 기도를 들으시고 모세를 보내셔서 그들을 이집트에서 구출시켜 주셨습니다. 이스라엘 백성들은 노예로 태어나서 죽도록 일만 하다가 노예로 죽어 갈 수밖에 없었던 삶에서 하나님의 은혜로 그들은 자유를 얻었습니다.

노벨평화상을 수상한 유대인 작가 엘리 비젤은 "구원은 오직 기억 속에서만 발견될 수 있다."라고 말합니다. 예를 들어서 아우슈비츠 수용소의 끔찍한 기억을 간직

할 수 있을 때 비로소 그 죽음의 장소에서 구원받은 은혜에 감사할 수 있다는 것입니다. 우리 그리스도인들도 마찬가지입니다. 우리의 정체성은 십자가에서 발견될 수 있습니다 나를 구원하기 위해서 말로 다할 수 없는 끔찍한 고통의 십자가를 지신 예수님의 사랑을 기억할 때, 내가 얼마나 사랑받은 존재인지 알게 됩니다. 은혜를 기억하면 감사가 넘치는 인생을 살지만, 반대로 은혜를 잊으면 지옥 같은 인생을 살게 됩니다.

은혜는 기억하면 기억할수록 커집니다. 시간이 흘러가면 기억이 퇴색되기 마련입니다. 그러나 시간이 흘렀다고 해서 구원의 감격이 퇴색되어서는 안 됩니다. 우리는 주님과의 첫사랑의 감격이 계속 유지되도록 해야 합니다. 추수감사절에 다시 한 번 내게 베풀어 주신 은혜들을 기억하며 감사를 회복합시다.

1. 삶에서 가장 기억에 남는 감사한 일은 무엇입니까?

생활 속으로

기독교인들의 세 가지 덕목인 믿음, 소망, 사랑에 하나를 더 추가한다면 '감사'라고 할 수 있습니다. 감사로 이행시를 적어 봅시다.

감 : ______________________________

사 : ______________________________

시편으로 드리는 기도

시편 146 : 3~5

하나님, 오늘도 귀인들을 의지하지 말고 도울 힘이 없는 인생도 의지하지 말게 하시며 오직 야곱의 하나님을 나의 도움으로 삼아 살아가게 하옵소서. 여호와 하나님께 나의 소망을 두는 복을 누리게 하여 주옵소서. 아멘.

제48과 대림절 1 : 예수님의 오심을 기다림

[오늘의 말씀 _ 누가복음 2 : 22~39]

…… 예루살렘에 시므온이라 하는 사람이 있으니 이 사람은 의롭고 경건하여 이스라엘의 위로를 기다리는 자라 성령이 그 위에 계시더라 그가 주의 그리스도를 보기 전에는 죽지 아니하리라 하는 성령의 지시를 받았더니 성령의 감동으로 성전에 들어가매 마침 부모가 율법의 관례대로 행하고자 하여 그 아기 예수를 데리고 오는지라…… 주의 율법을 따라 모든 일을 마치고 갈릴리로 돌아가 본 동네 나사렛에 이르니라

[찬송 _ 찬송가 105장(통 105장) 1절]

오랫동안 기다리던 주님 강림하셔서 죄에 매인 백성들을 자유 얻게 하시네
주는 우리 소망이요 힘과 위로 되시니 오래 기다리던 백성 많은 복을 받겠네

[삶을 나눠요]

최근에 간절하게 기다리고 있는 일이 있다면 무엇인지 서로 나눠 보십시오.

마음을 여는 글

데일 카네기의 사무실의 가장 중요한 자리에는 거룻배 그림 한 점이 걸려 있었다고 합니다. 배는 무척이나 낡은 모습을 하고 있고, 노는 모래 위에 놓여 있습니다. 썰물로 물이 빠져나간 모래 언덕 위에 덩그러니 걸려 있는 배를 그린 그림입니다. 마치 버려진 것 같은 배 그림 하나가 사무실 정면에 왜 걸려 있었을까요? 처량하게 아주 쓸모없이 내버려진 것 같은 배 한 척이 그려져 있는 그림이지만, 그 그림 밑에는 이런 글이 적혀 있었습니다. "반드시 밀물 때가 온다." 그때까지 참고 기다리자는 의미입니다.

말씀 속으로

본문은 예수님이 태어나신 지 40일이 되었을 때 일어난 사건을 기록하고 있습니다. 당시 전통과 법에 의하면 모든 산모는 아이를 출산하고 나면 남자아이는 40일, 그리고 여자아이는 80일이 되었을 때 제사장에게 가서 규례대로 제사를 드려야 했습니다. 그래서 요셉과 마리아는 아기 예수님을 데리고 제사를 드리고자 예루살렘 성전에 올라갔습니다. 그리고 성전에서 시므온과 안나를 만나게 됩니다. 이 두 사람은 오직 예수님의 탄생을 기다려 온 사람들입니다. 당시 로마의 지배로 억압받는 삶을 살아가던 유대인들에게는 한 가지 열망이 있었습니다. 바로 메시야, 구원자의 출현입니다. 하나님께서 구약의 예언자들을 통하여 말씀하신 이스라엘을 구원할 메시야의 탄생을 간절히 기다리고 있었던 것입니다. 그 마음이 얼마나 뜨겁고 간절했겠습니까? 시므온과 안나는 누구보다도 메시야가 이 땅에 오는 것을 간절한 마음으로 기다렸습니다.

그리고 마태복음 25장에 등장하는 열 처녀 비유와 달란트 비유 그리고 양과 염소의 비유는 한결같이 주의 재림의 때에 대해서 말씀하고 있습니다. 기름을 준비하듯이 재림을 준비하고, 그때가 오면 반드시 결산을 하게 될 것이며, 양과 염소를 갈라놓듯이 심판이 임할 것이라고 말씀합니다. 주님은 분명하게 "너희가 본 그대로 다시 오리라."고 약속하셨습니다. 그러므로 우리는 다시 오실 주님을 대망하며 살아가는 그리스도인이 되어야 합니다.

오늘 무엇을 기다리십니까? 무엇을 바라고 소망하십니까? 우리에게는 살면서 바라고 이뤄지기 원하는 소원이 있습니다. 그 소원은 사람마다 다양합니다. 그런데 오늘 말씀은 우리에게 궁극적으로 무엇을 기다리며 살아야 하는지에 대해서 가르쳐 줍니다. 주님은 인류를 구원하시고 하나님의 보좌 우편에 계십니다. 하늘과 땅의 모든 권세를 가지시고 지금도 구원의 역사를 이루고 계십니다. 그 주님은 곧 산 자와 죽은 자를 심판하기 위해 오실 것입니다. 우리 모두 기다림의 신앙을 가지시기를 축복합니다.

1. 내가 지금 간절하게 기다리고 있는 일이 있다면 무엇입니까?

생활 속으로

요즘 우리의 삶을 돌아보면 '기다림'이라는 단어와 동떨어진 삶을 사는 것 같습니다. 특히 속도시대라 불리는 이 세상에서 기다림은 시간 낭비며 생각하기도 싫은 가치로 여겨지기도 합니다. 예수님이 다시 오실 때 우리에게 질문하십니다. "네가 나를 어떻게 기다렸니?" 예수님을 다시 만나는 그날까지 어떤 모습으로 예수님을 기다려야 할지 생각해 봅시다.

시편으로 드리는 기도

시편 25 : 5

하나님, 주의 진리로 나를 지도하시고 교훈하소서. 주는 내 구원의 하나님이시니 내가 종일 주를 기다립니다. 나를 기억하소서. 아멘.

제49과 대림절 2 : 마리아의 순종

[오늘의 말씀 _ 누가복음 1 : 26~38]

…… 천사가 이르되 마리아여 무서워하지 말라 네가 하나님께 은혜를 입었느니라 보라 네가 잉태하여 아들을 낳으리니 그 이름을 예수라 하라…… 마리아가 천사에게 말하되 나는 남자를 알지 못하니 어찌 이 일이 있으리이까…… 대저 하나님의 모든 말씀은 능하지 못하심이 없느니라 마리아가 이르되 주의 여종이오니 말씀대로 내게 이루어지이다 하매 천사가 떠나가니라

[찬송 _ 찬송가 545장(통 344장) 1절]

이 눈에 아무 증거 아니 뵈어도 믿음만을 가지고서 늘 걸으며
이 귀에 아무 소리 아니 들려도 하나님의 약속 위에 서리라
걸어가세 믿음 위에 서서 나가세 나가세 의심 버리고
걸어가세 믿음 위에 서서 눈과 귀에 아무 증거 없어도

[삶을 나눠요]

지금 나를 힘들게 하고 두렵게 하는 문제가 무엇인지 서로 나눠 보십시오.

마음을 여는 글

어떤 강연에서 강사가 말했습니다. "지구에서 태양까지의 거리 1억 5천만 킬로미터가 종이 한 장의 두께라면, 지구에서 가장 가까운 별까지는 종이를 21미터쯤 쌓아 놓은 거리이고, 은하수의 지름은 종이를 480킬로미터쯤 쌓아 놓은 거리입니다. 우주에 은하계가 헤아릴 수 없이 많다는 사실을 잊지 마시기 바랍니다. 눈에 보이지 않는 공중의 먼지나 바닷가의 모래알보다 더 많을 것입니다. 히브리서 1 : 3에서 '…… 그의 능력의 말씀으로 만물을 붙드시며……'라고 했습니다. 예수 그리스도께서 능력의 말씀만으로 지구와 우주 만물을 모두 붙들고 계신다면, 하나님을 나의 조수나 자문위원 정도로 모시면 안 됩니다." 이것은 하나님을 나의 절대 주권자로 모셔야 한다는 말입니다.

말씀 속으로

무서워하지 말라

천사는 마리아에게 처녀의 몸으로 아기를 잉태하여 낳을 것이라는 소식을 전해 주었습니다. 당시에 결혼하지 않은 여성이 임신을 하는 것은 큰 재앙과 마찬가지였습니다. 약혼한 남자가 그녀와 결혼하기를 거부한다면, 그녀는 평생 결혼하지 못하고 홀로 살아야 했습니다. 또한 무엇보다 주변 사람들의 눈초리가 견디기 힘들었을 것입니다. 예수님의 탄생 예고는 마리아에게 분명히 두렵고 놀라운 소식이었습니다. 그러나 하나님께서는 천사를 통해 마리아의 마음을 진정시키셨습니다. "무서워하지 말라."라고 하시면서 두려움과 무서움을 물리쳐 주셨습니다. "무서워하지 말라."는 말은 절대 명령으로 "반드시 두려워하지 말라."는 의미입니다. 하나님께서 우리와 함께하시기 때문에, 우리는 어떤 상황 속에서도 절대 무서워하거나 두려워할 필요가 없다는 것입니다. 인생 가운데 두렵고 놀라운 일을 맞이했을 때, "무서워하지 말라."는 주님의 음성을 기억하고, 주님이 주시는 평안을 누리기 원합니다.

하나님의 절대 주권을 믿으라

마리아가 성령으로 잉태되어 아기 예수를 낳을 것이라는 말씀을 듣고 순종할 수 있었던 믿음은 그녀의 고백 속에 잘 나타나 있습니다. "주의 여종이오니 말씀대로 내게 이루어지이다”(38절). 마리아는 ‘하나님의 종’이라고 인정하며 순종했습니다. 하나님은 우리를 창조하시고, 지켜 주시는 분이므로 우리가 순종해야 함과 하나님은 우리의 섬김을 받으셔야 하는 분임을 인정한 것입니다. 하나님은 우리의 주인이시기에 하나님의 말씀과 명령이라면 내가 좋든 싫든, 이해가 되지 않는 일이라 할지라도, 하나님께 절대 순종하고 신뢰해야 합니다. 마리아는 처녀의 몸으로 아기를 잉태하고 낳음으로 인해 자신의 인생이 비참해질 수도 있었지만 하나님께 자신의 미래까지 맡기는 심정으로 순종했습니다. 그것이 참된 믿음입니다. 믿음은 하나님께서 어떤 분인지 이해하고, 하나님의 능력을 인정할 때 생깁니다. 오늘 본문은 “대저 하나님의 모든 말씀은 능하지 못하심이 없느니라”(37절)라고 증거합니다. 하나님의 말씀은 능치 못할 일이 없다는 사실을 인정하고 순종함으로, 믿음이 더욱 강해지는 은혜를 누리기 원합니다.

1. 오늘 나눈 말씀 가운데 특별히 마음에 와닿은 구절이나 배움을 통하여 깨달은 점이나 느낀 점이 있다면 무엇입니까?
2. 내 믿음이 더욱 강해지기 위해서 기억해야 할 말씀은 무엇입니까?

생활 속으로

지금 나에게 두렵고 무서운 문제나 반드시 해결되어야 할 문제가 무엇인지 적어봅시다. 그리고 그 문제들 옆에 “성령이 네게 임하시고 지극히 높으신 이의 능력이 너를 덮으시리니…… 하나님의 모든 말씀은 능하지 못하심이 없느니라”라고 쓰고 믿음으로 기도합시다.

시편으로 드리는 기도

시편 40 : 1~3

하나님, 나를 기가 막힐 웅덩이와 수렁에서 끌어올리시고 내 발을 반석 위에 두사 내 걸음을 견고하게 하여 주옵소서. 그리하여 하나님을 찬송하고 주님을 더욱더 의지하며 살아가게 하옵소서. 아멘.

제50과 대림절 3 : 천사들이 목자들에게 전해 준 소식

[오늘의 말씀 _ 누가복음 2 : 8~20]

…… 천사가 이르되 무서워하지 말라 보라 내가 온 백성에게 미칠 큰 기쁨의 좋은 소식을 너희에게 전하노라 오늘 다윗의 동네에 너희를 위하여 구주가 나셨으니 곧 그리스도 주시니라 너희가 가서 강보에 싸여 구유에 뉘어 있는 아기를 보리니 이것이 너희에게 표적이니라 하더니 홀연히 수많은 천군이 그 천사들과 함께 하나님을 찬송하여 이르되 지극히 높은 곳에서는 하나님께 영광이요 땅에서는 하나님이 기뻐하신 사람들 중에 평화로다 하니라 천사들이 떠나 하늘로 올라가니 목자가 서로 말하되 이제 베들레헴으로 가서 주께서 우리에게 알리신 바 이 이루어진 일을 보자 하고……

[찬송 _ 찬송가 569장(통 442장) 1절]

선한 목자 되신 우리 주 항상 인도하시고 푸른 풀밭 좋은 곳에서 우리 먹여 주소서
선한 목자 구세주여 항상 인도하소서 선한 목자 구세주여 항상 인도하소서

[삶을 나눠요]

최근에 들었던 가장 기쁜 소식은 무엇이었는지 서로 나눠 보십시오.

마음을 여는 글

한번도 울린 적이 없는 교회 종탑의 종이 있었습니다. 전설에 의하면 이 종은 성탄절 날 아기 예수께 가장 값진 선물을 드릴 때 저절로 울린다고 했습니다. 그래서 많은 부자와 왕들이 값진 선물을 바쳤으나 울리지 않았습니다. 그해 성탄절에도 많은 사람이 선물을 바쳤습니다. 부자는 금은보화를, 어떤 작가는 자기의 책을, 심지어 왕은 자신의 왕관도 바쳤지만, 종탑에서는 바람 소리만 들릴 뿐이었습니다. 사람들이 종소리에 대한 전설을 의심하려고 할 때, 종소리가 울렸습니다. 눈길에 쓰러진 사람을 구해 주느라 예배에 참석할 수 없었던 형 대신에 동생이 아기 예수께 은전 하나를 예물로 바쳤을 때 종이 울린 것입니다.

말씀 속으로

아기 예수가 태어나자, 천사들은 목자들에게 나타나 '기쁜 소식'(10절)을 전합니다. "오늘 다윗의 동네에 너희를 위하여 구주가 나셨으니 곧 그리스도 주시니라"(11절). 이 소식을 통해 예수님이 이 땅에 왔으며, 그가 그들의 구원자이심을 알려 준 것입니다. 그러자 목자들은 천사들이 알려 준 곳을 찾아가 마리아와 요셉에게 천사가 전한 소식을 이야기하고 아기 예수 오심을 축복하며 기뻐합니다. 당시 로마 제국 시절에는 황제가 될 왕자가 태어나면, 시인들과 연설가들이 나라와 왕가를 위해 평화와 번영을 위한 축복의 선언을 하는 관습이 있었습니다. 그런데 본문은 시인과 연설가가 아닌 목자들을 통해 축복의 선언을 하게 하시고 예수님이 이 땅에 오신 기쁨과 평화의 소식을 전하게 하십니다. 목자들의 모습을 통해 보여 주시는 하나님의 뜻은 무엇일까요?

예수님은 '나중 된 자'들을 위해 오셨습니다

목자들이 아기 예수를 맞이했다는 것은 사실 어떤 역사적 근거나 학문적 기록으로 볼 때는 가치도 없는 증언입니다. 오늘 본문 뒤에 나오는 제사장 시므온이나 선지자 안나, 또는 마태복음의 동방박사 세 사람은 몰라도 목자들은 예수님의 탄생에 대한 과학적이고 합리적인 근거를 줄 수 없는 자들입니다. 그러나 천사는 그들에게도 기쁜 소식을 전했습니다. 그리고 그들을 통해, 아기 예수님의 탄생을 기쁨으로 맞이하게 하였습니다. 바로 그것이 예수님이 이 땅에 오신 목적을 깨닫게 하는 것이며, 이를 통해 더욱 하늘의 영광과 땅의 평화를 실천하게 하는 것입니다.

예수님은 복음, 곧 기쁜 소식이십니다

천사들이 목자들에게 전한 것을 '기쁜 소식'이라고 표현합니다. 그것은 곧 아기 예수가 이 땅에 오신 것을 말합니다. 예수님이 이곳에 오신 것 자체가 우리에게 기쁜 소식이라는 것입니다. 세상의 학자들이 그 소식을 들으면 분석하고 연구하여 재단하고 따져 볼 것이지만, 목자들은 천사들의 말에 그대로 순종하여, 기쁜 소식을 그대로 마음에 새깁니다. 곧 예수님이 복음임을 마음에 기쁨으로 받아들이고, 이를 기쁨으로 전하려고 한다는 것입니다. 예수님은 복음입니다. 복음이신 예수님의 소식을 들을 때, 우리도 목자들처럼 있는 그대로 순종하는 모습이 필요합니다.

1. 목사와 같이 낮은 자들을 위해 오신 예수님의 삶을 어떻게 닮아 갈 수 있겠습니까?

생활 속으로

예수님의 탄생을 기다리는 사람들에게 복음은 설렘과 기쁨의 신물이었습니다. 우리도 그 복음의 설렘과 기쁨을 잊어버리는 않았는지, 세상의 즐거움으로 바꿔 버리지는 않았는지 생각해 봅시다.

시편으로 드리는 기도

시편 41 : 1, 3

하나님, 가난한 자를 보살피는 자에게 복이 있음이여 재앙의 날에 여호와께서 나를 건져 주옵소서. 여호와께서 나를 병상에서 붙드시고 나의 병을 고쳐 주옵소서. 아멘.

제51과 대림절 4 : 예수님을 경배한 동방박사

[오늘의 말씀 _ 마태복음 2 : 1~11]

헤롯 왕 때에 예수께서 유대 베들레헴에서 나시매 동방으로부터 박사들이 예루살렘에 이르러 말하되 유대인의 왕으로 나신 이가 어디 계시냐 우리가 동방에서 그의 별을 보고 그에게 경배하러 왔노라 하니 헤롯 왕과 온 예루살렘이 듣고 소동한지라 왕이 모든 대제사장과 백성의 서기관들을 모아 그리스도가 어디서 나겠느냐 물으니 이르되 유대 베들레헴이오니 이는 선지자로 이렇게 기록된 바…… 아기 있는 곳 위에 머물러 서 있는지라 그들이 별을 보고 매우 크게 기뻐하고 기뻐하더라 집에 들어가 아기와 그의 어머니 마리아가 함께 있는 것을 보고 엎드려 아기께 경배하고 보배합을 열어 황금과 유향과 몰약을 예물로 드리니라

[찬송 _ 찬송가 116장(통 116장) 1절]

동방에서 박사들 귀한 예물 가지고 산을 넘고 물을 건너 별 따라왔도다
오 탄일 밤의 밝은 별 아름답고 빛난 별 아기 예수 계신 곳에 우리 인도하여라

[삶을 나눠요]

동방박사들처럼 내가 예수님께 귀하게 드릴 것은 무엇인지 서로 나눠 보십시오.

마음을 여는 글

신을 믿지 않았던 미국의 대부호 코넬리어스 밴더빌트(Cornelius Vanderbilt)가 임종을 앞두고 있었습니다. 그에게는 재물이 신앙이며 존재 이유였습니다. 인생의 마지막 순간에 흑인 하녀가 그를 위해 찬송가 "예수님은 누구신가"를 불러 주었습니다. "우는 자의 위로, 없는 자의 풍성, 천한 자의 높음, 잡힌 자의 놓임, 죽은 자의 부활, 추한 자의 정함, 죽을 자의 생명" 찬송가의 가사를 듣던 밴더빌트의 입술이 조금씩 떨려 왔습니다. 그리고 나지막한 음성으로 "주님, 저는 가난하고 천한 사람입니다."라고 고백했습니다. 그는 자신의 재물과 지식, 명예를 포기하고 예수님을 그리스도로 영접했습니다. 사람은 누구나 죽음 앞에서는 겸손한 약자가 됩니다. 쥐고 있던 것을 모두 놓는 순간 인생의 새로운 빛을 찾습니다. 그 빛은 바로 예수님입니다.

말씀 속으로

동방박사들에 대하여 우리는 정확하게 알 수 없습니다. 그들은 별을 보고 예수님의 탄생을 알았습니다. 어떤 한 별이 예수님의 탄생을 알려 주었고 그들을 예루살렘으로 인도하는 길잡이 역할을 했습니다. 그들은 교통이 발달하지도 않았고 각종 위험이 노사리고 있는 그 먼 길을 왜 왔을까요? 성경은 유대인의 왕으로 태어나신 분에게 경배하러 왔다고 말하고 있습니다. 그들은 예수님을 경배하러 올 때에 세 가지 선물 황금, 유향, 몰약을 준비했습니다. 고대 세계에서는 높은 자나 왕 앞에 나아갈 때, 예물을 가지고 가는 것이 어느 나라나 공통된 관습이었습니다. 황금은 메시야의 왕권을, 유향은 예수님의 신성을, 몰약은 예수 그리스도의 수난과 죽음을 상징합니다. 하지만 아기 예수님에게 드리는 가장 귀한 선물은 "엎드려 아기께 경배한 것"입니다.

예수님은 우리의 영원한 구원자입니다

예수님은 자기를 영접하는 자, 곧 그 이름을 믿는 자들의 죄를 사하여 주시고 구원해 주시기 위해 오셨습니다. 다른 어떤 인물이나, 어떤 권세나, 어떤 종교도 우리를 구원할 수 없습니다. 인간 자신의 육적, 지적, 물질적 어떤 능력으로도 구원에 이르지 못합니다. 오직 하나님께서 보내신 예수 그리스도를 통해서만 구원을 받을 수 있습니다. 우리의 죄를 구원하기 위해 오신 예수님을 기억한다면 성탄절은 더 겸손하게 맞이하고 보내야 할 날로 받아들이게 됩니다.

예수님은 경배받으시기에 합당한 분입니다

하나님은 우리의 예배를 더 기쁘게 받으신다고 말씀하십니다. 예수님이 이 땅에 오신 것을 기뻐하며 우리가 먼저 해야 할 것은 예배의 선물을 드리는 것입니다. 말씀 실천이 없는 예배는 껍데기에 불과합니다. 삶의 예배가 아기 예수님께 드리는 성탄 선물이 되어야 합니다. 황금처럼 변치 않는 예수님의 사랑을 담아, 유향처럼 아름다운 예수님의 향기를 담아, 몰약처럼 세상을 썩지 않게 하는 이웃 사랑의 섬김을 담아 사랑과 관심이 필요한 이에게 성탄절의 기쁨을 전해야 합니다.

1. 오늘 말씀 가운데 특별히 마음에 와닿는 구절이나 배움을 통해 깨달은 것, 혹은 느낀 점은 무엇입니까?
2. 동방박사들처럼 분별할 줄 아는 삶을 살기 위해서 어떻게 해야 할까요?

생활 속으로

예수님을 경배하기 위하여 고난을 마다하지 않았던 동방박사들처럼 예배에 참여하고 있는지 나누어 봅시다.

시편으로 드리는 기도

시편 21 : 5~7

하나님, 우리의 구원자가 되시고 승리의 노래를 부르게 하시는 하나님을 의지합니다. 언제나 왕이신 주님을 바라보고 나아갈 때마다 흔들리지 않는 삶을 살게 하여 주옵소서. 아멘.

제52과 성장하는 그리스도인

[오늘의 말씀 _ 누가복음 2 : 52]

예수는 지혜와 키가 자라 가며 하나님과 사람에게 더욱 사랑스러워 가시더라

[찬송 _ 찬송가 325장(통 359장) 1절]

예수가 함께 계시니 시험이 오나 겁 없네 기쁨의 근원되시는 예수를 위해 삽시다
날마다 주를 섬기며 언제나 주를 기리고 그 사랑 안에 살면서 딴 길로 가지 맙시다

[삶을 나눠요]

내 삶에서 변화되어 성장하기를 원하는 것은 무엇인지 서로 나눠 보십시오.

마음을 여는 글

나다니엘 호손의 책『큰 바위 얼굴』에서, 어니스트란 소년은 어머니로부터 바위 언덕에 새겨진 큰 바위 얼굴을 닮은 아이가 태어나 훌륭한 인물이 될 것이라는 전설을 들었습니다. 어니스트는 커서 그런 사람을 만날 수 있기를 기대했습니다. 어떻게 살아야 큰 바위 얼굴처럼 될까 생각하면서 진실하고 겸손하게 살았습니다. 세월이 흐르는 동안 돈 많은 부자, 싸움을 잘하는 장군, 말을 잘하는 정치인, 글을 잘 쓰는 시인들을 만났으나 큰 바위 얼굴처럼 훌륭한 사람으로 보이지 않았습니다. 어느 날 어니스트의 설교를 듣던 한 시인이 어니스트가 바로 '큰 바위 얼굴'이라고 소리쳤습니다. 큰 바위 얼굴 같은 사람을 만나기를 원하며 바른 삶을 살았던 어니스트가 바로 모든 사람들이 기대하던 큰 바위 얼굴을 닮은 사람이 된 것입니다.

말씀 속으로

우리의 신앙이 성장하기 위해서는 어린아이의 신앙을 버리고 성숙한 어른의 신앙을 지녀야 합니다. 어린아이의 신앙은 유혹에 잘 빠지고, 쉽게 시험에 들고 넘어져서 성장하지 못하고 제자리걸음을 하거나 곁길로 빠지는 경우가 많습니다. 성경에서 어른을 표현하는 말로 '온전한 사람', '장성'이라는 단어가 나오는데, 이 말은 모두 '성숙하다'는 뜻입니다. 성숙한 그리스도인이 되는 것은 어느 한 순간을 의미하는 것이 아니라 주님 앞에 서는 그날까지 평생 지속되어야 합니다.

예수님의 네 박자 성장을 닮아야 합니다

예수님은 네 박자 성장, 전인적인 성장을 하셨습니다. 지혜가 자랐다는 것은 지적인 성장을 하셨으며, 키가 자랐다는 것은 육체적으로 건강한 성장을 하셨음을 의미합니다. 하나님께 사랑스러웠다는 것은 영적인 성장을 했다는 것으로 하나님의 말씀을 듣고 따랐다는 것입니다. 사람들에게 사랑스러웠다는 것은 예수님이 말씀을 따라 사람들과 좋은 관계를 맺고 선한 영향력을 주는 사회적 성장을 이루며 자라셨다는 것을 의미합니다. 그리스도인이 위로는 하나님과 좋은 관계를 맺고, 옆으로는 이웃(사람)들과 좋은 관계를 맺으며 성장할 때, 온전한 십자가가 완성될 것입니다.

예수님의 인격을 닮은 신앙인으로 성장해야 합니다

신앙이 성장하려면 신앙의 여러 요소를 골고루 잘 익혀서 균형 잡힌 신앙을 가져야 합니다. 그래서 모든 그리스도인들은 범사에 예수님을 닮아 가야 합니다. 생각과 말과 행실이 예수님을 닮아 가야 합니다. 예배와 전도와 교육과 봉사와 친교의 모든 분야가 골고루 자라야 합니다. 인격의 3요소라고 하는 지, 정, 의를 갖춘 인격자가 되어 생각과 말과 행동이 일치해야 예수님의 향기가 될 수 있습니다. 범사에 그리스도를 닮아 가기까지 자라서 하나님 중심의 삶을 살기 위해 날마다 성장하는 그리스도인이 되어야 합니다.

1. 오늘 말씀 가운데 특별히 마음에 와닿는 구절이나 배움을 통해 깨달은 것, 혹은 느낀 점은 무엇입니까?
2. 네 박자 성장을 하기 위해서 더 노력해야 하는 영역은 무엇이며, 어떻게 실천해야 할까요?

생활 속으로

네 박자 성장을 위한 목표를 세우고 우선순위를 정해 봅시다.

영역	목표	우선순위
지적인 성장		
육체적 성장		
영적인 성장		
사회적 성장		

시편으로 드리는 기도

시편 104 : 10~12

하나님, 주께서 골짜기에서 샘이 솟아나게 하시고 산 사이에 흐르게 하사 각종 들짐승과 들나귀를 해갈시키시며, 공중의 새들도 그 가에서 깃들이며 나뭇가지 사이에서 지저귀게 하신 것처럼 우리의 신앙도 영적, 육적으로 자라게 하여 주소서. 아멘.

노년을 위한 교육목회 시리즈

말씀 청춘

초판인쇄 2021년 6월 23일
초판발행 2021년 6월 30일

편집인 대한예수교장로회총회교육자원부
총무 김명옥
주소 03128 / 서울특별시 종로구 대학로3길 29(연지동, 총회창립100주년기념관)
전화 (02) 741-4356 / (F) 741-3477

발행인 채형욱
발행소 한국장로교출판사
주소 03129/ 서울 종로구 대학로 19, 409호(연지동, 한국기독교회관)
전화 (02) 741-4381 / (F) 741-7886
영업국 (031) 944-4340 / (F) 944-2623
등록 No. 1-84(1951. 8. 3.)

요목 교육목회실천협의회 편집 이은미
집 필 자 정영택 박봉수 손윤탁 홍정근 임정수 최진수 이희수 오세원 유상진 신동명 박혜성 김한원 김성덕 김주용 문재진
출판편집 이슬기, 김은희, 이가현 표지 디자인 최준호